体育旅游

戴 俊◎著

要素分析及其高质量发展研究

吉林科学技术出版社

图书在版编目(CIP)数据

体育旅游要素分析及其高质量发展研究 / 戴俊著
. --长春：吉林科学技术出版社，2019.12
ISBN 978-7-5578-5082-1

Ⅰ. ①体… Ⅱ. ①戴… Ⅲ. ①体育－旅游业发展－研
究 Ⅳ. ①F590.75

中国版本图书馆 CIP 数据核字(2020)第 004381 号

TIYU LUYOU YAOSU FENXI JIQI GAOZHILIANG FAZHAN YANJIU

体育旅游要素分析及其高质量发展研究

著	戴 俊
出 版 人	李 梁
责任编辑	李思言
封面设计	马静静
制 版	北京亚吉飞数码科技有限公司
开 本	710mm×1000mm 1/16
字 数	220 千字
印 张	12.25
印 数	1—5 000 册
版 次	2021 年 1 月第 1 版
印 次	2021 年 1 月第 1 次印刷

出 版	吉林科学技术出版社
发 行	吉林科学技术出版社
地 址	长春市人民大街 4646 号
邮 编	130021

发行部传真/电话 0431－85635176 85651759 85635177
85651628 85652585

储运部电话 0431－86059116

编辑部电话 0431－85635186

网 址 www.jlsycbs.net

印 刷 北京亚吉飞数码科技有限公司

书 号 ISBN 978-7-5578-5082-1

定 价 86.00 元

前　言

21世纪,随着人们生活水平的提高、余暇时间的增加及消费观念的转变,传统的观光旅游已经不能满足大众不断增长的旅游需求,而具有健身性、娱乐性和高参与性的体育旅游越来越受旅游爱好者的喜爱,人们参与其中能够同时获得健康与娱乐,因此其逐渐成为现代旅游的新宠儿。我国体育旅游的发展虽然起步较晚,但发展势头强劲,已经成为许多城市新的经济增长点。大力发展体育旅游对推动社会经济发展、提高人民生活质量具有重要意义。我国在发展体育旅游的过程中,既要关注资源与市场的开发,又要加强人力资本的培养,同时不能忽视安全保障,这些都是体育旅游的重要组成要素,缺一不可,只有不断优化各项要素,才能从整体上提高我国体育旅游的发展水平,实现体育旅游的高质量发展。为此,作者在查阅大量相关著作文献的基础上,精心撰写了《体育旅游要素分析及其高质量发展研究》一书。

本书共有八章内容。第一章首先阐释体育旅游的基础理论知识,以便对本书的研究对象形成基本的认识。第二章分析体育旅游的发展历程及国内外体育旅游发展现状,以了解体育旅游发展的来龙去脉及其在国内外的发展情况,进而发现我国体育旅游发展中存在的问题,并提出合理化建议。第三章至第六章分别研究体育旅游各要素及其发展,包括市场要素及其开发、资源要素及其整合、人力资本要素及其管理以及安全保障要素及其构建。市场、资源、人力资本、安全保障是体育旅游的重要组成要素,缺一不可,优化发展各项要素,有助于从整体上推动体育旅游健康持续发展。第七章与第八章重点探讨体育旅游的高质量发展,第七章对几种典型的体育旅游的高质量发展进行了研究,包括低碳体育旅游、红色体育旅游、冰雪体育旅游以及高端体育旅游;第八章着重对体育旅游产业的高质量发展进行研究,这两章对提高我国体育旅游的整体发展质量具有重要指导意义。

总体上说,本书具有以下几个特点。

第一,时代性。在体验经济时代,现代人对旅游的需求越来越多元,而体育旅游是最能体现和适应体验经济时代的一种旅游活动,其能够满足旅游者健身体验、休闲体验、刺激体验、观战体验等各种"体验需求",在新时期对体育旅游发展进行研究具有重要的时代意义。

第二，系统性。本书主要研究体育旅游各要素的发展及高质量发展，在阐述与分析体育旅游基本理论及发展情况的基础上，逐一分析了体育旅游的市场、资源、人力资本及安全保障等要素，然后对体育旅游典型类型及体育旅游产业的高质量发展重点进行了研究，结构合理，层层推进，具有较强的系统性。

第三，亮点突出。本书在体育旅游高质量研究中，重点选取了几种典型的体育旅游类型作为研究对象，包括低碳体育旅游、红色体育旅游、冰雪体育旅游、高端体育旅游，根据不同类型体育旅游的特点为其高质量发展提出了不同的建议与策略，具有很强的针对性，是本书的一大亮点。

总之，本书主要围绕体育旅游的要素及其高质量发展展开研究，结构清晰合理，逻辑严谨，内容紧扣主题，研究具有层次性。期望本书能够为优化与完善我国体育旅游发展体系及提高体育旅游的发展质量做出贡献。

在本书的撰写过程中，作者不仅参阅、引用了很多国内外相关文献资料，而且得到了同事亲朋的鼎力相助，在此衷心表示感谢。由于作者水平有限，书中难免有疏漏之处，恳请同行、专家及读者批评指正。

作　者

2019 年 11 月

目　录

第一章　体育旅游的基本理论阐释

体育旅游是一种将体育与旅游进行结合而产生的新型旅游形式,属于旅游活动中的一种。对体育旅游的相关基本理论问题进行阐述和解释有助于人们对其有更加深刻的了解,从而为更多人参与这项活动打下良好基础。

第一节　体育旅游相关概念

一、体育旅游的定义

体育旅旅这项事物出现的时间较晚,这使得目前学术界对这一概念并没有形成统一的认识。之所以出现这种情况,是因为不同学者站在不同角度看待体育旅游这项事物,由此对其概念做出的认定必然会出现一些分歧。例如,体育旅游是一种将体育和旅游相结合的产物,那么体育学者和旅游学者对体育旅游的认识必然难以从同一思维上出发,由此产生观点上的不同是非常正常的。体育界学者通常会从广义和狭义两个层面对体育旅游概念进行界定,而旅游界学者对该术语的界定往往更倾向于以体育旅游者参与体育旅游活动的动机和体育旅游的本质属性作为切入点。受各方面因素的影响,不同学者提出的看法仍然存在不同程度的差异,下面仅就具有代表性的几种观点进行罗列,具体见表 1-1。

表 1-1　体育界学者对体育旅游概念的认识

学者	对体育旅游概念的认识
史常凯、何国平	体育旅游就是一种特殊的旅游形式,其以旅游为目的,以参与或观赏体育活动为主要内容

续表

学者	对体育旅游概念的认识
韩丁	体育旅游是一项专业性旅游服务产业,其融体育、娱乐、探险、观光等因素为一体。具体来说,旅游者在旅游过程中所从事的各种体育活动(娱乐活动、健身活动、康复活动、竞技活动、观赏活动、探险活动等)以及旅游地、旅游企业及社会之间关系的总和就是所谓的体育旅游
翁家银	消费者通过旅游的形式参加各种体育活动,从而感受体育活动带来的乐趣,并满足自身需求的过程就是所谓的体育旅游
王丙新	体育旅游是一种特殊的旅游活动形式,其以体育为主要内容和手段,以参与和观赏体育活动为目的。异地性、审美性、流动性、重复性、专业性、健身性以及挑战性等是体育旅游所具备的主要特征。其中,前三个特征也是体育旅游的本质特征
于莉莉	体育旅游是一种为了使人们各方面的体育需求得到满足,以一定的体育资源为依托、以体育活动为主要内容而开展的旅游活动
王天军	体育旅游是一种以体育项目为主要内容,以休闲度假、观光探险、康健娱乐为目的的旅游活动,该旅游活动是在一定的自然环境下进行的

随着体育旅游市场的逐渐火爆,有更多的学者将研究的目光投向了这一新型产业,由此也就出现了更多关于体育旅游定义的研究观点。其中,学者杨秀丽的观点在众多观点中受到广泛认可,她对体育旅游概念的解读分为广义与狭义两个层面,具体如下。

广义上的体育旅游是旅游者在旅游中所从事的各种与体育相关的活动以及旅游地、旅游企业及社会之间关系的总和。[1]

狭义上的体育旅游是为满足和适应旅游者的各种体育需求,借助各种各样的体育活动,并充分发挥其多方面的功能,使旅游者的身心得到全面协调发展,从而达到促进社会物质文明和精神文明建设、丰富社会文化生活的目的的旅游活动。[2]

---

[1] 闫立亮,李琳琳.环渤海体育旅游带的构建与大型体育赛事互动的研究[M].济南:山东人民出版社,2010.

[2] 闫立亮,李琳琳.环渤海体育旅游带的构建与大型体育赛事互动的研究[M].济南:山东人民出版社,2010.

二、体育旅游资源的定义

体育旅游资源是旅游资源的一个组成部分。只有对体育旅游潜在群体具有十足吸引力的体育旅游资源才是最值得开发的,这是能够激发潜在体育旅游者真正参与进来的关键动机。一般最为重要的体育旅游资源是体育旅游对象和体育旅游设施。其中,体育旅游对象是那些经过人为开发的或部分开发部分未开发的事物,而体育旅游设施则是专门为旅游者提供活动条件、活动服务、满足活动需求的各项设施。

最终我们认为,体育旅游资源应定位为在自然界或人类社会中能对体育旅游者产生吸引力,激发其体育旅游动机,并付诸体育旅游行为,为旅游业所利用且能产生经济、社会、生态效益的事物。[①]

三、体育旅游者的定义

体育旅游者是指以满足精神享受或自我实现需要为目的的,暂时离开常住地参加体育活动或观赏体育活动,并为此消费的群体。

通过体育旅游者的定义,可以发现其中有四个重要构成部分。

第一,活动地点必须离开旅游者常住地且时间达到 24 小时以上(不超过 1 年)。

第二,旅游者的活动目的为满足自身的精神需求或自我实现需求。

第三,需要为旅游活动支付费用。

第四,旅游者在活动过程中必须参与体育活动。

四、体育旅游业的定义

体育旅游业是指以借助和开发体育旅游资源为基础,通过提供体育旅游服务满足体育旅游者需求的综合性产业。由定义可了解到体育旅游业中的三个重要含义。

第一,体育旅游业要以体育旅游资源为依托。

第二,体育旅游业服务的是体育旅游者。

---

① ［英］维德,［英］布尔著;戴光全、朱竑主译.体育旅游［M］.天津:南开大学出版社,2006.

第三,体育旅游业是一项综合性产业,其中涉及众多行业。[①] 涉及最多的行业为餐饮住宿业、交通运输业和通信业。

第二节　体育旅游的特点与类型

一、体育旅游的特点

体育旅游是旅游形式中的一种,它出现的时间较晚。就体育旅游的特征来说,它与其他形式的旅游活动比较,都有旅游活动的基本特点,但体育旅游也彰显出自身独特的特点,这些独特特点主要表现在以下方面。

(一)体验性

休闲时代早已来到人们的生活中,而世界的主要经济形态也向着体验经济过渡,这使得旅游业也需要向体验型旅游的方向发展,即注重旅游者的旅行体验。过往的传统旅游形式总给人一种走马观花的感觉,特别是组团旅行更是如此,这种旅游实际上并没有展现太多旅游的本质意义。真正的旅游需要旅游者亲身参与到各种活动中,以获得身心体验为目的。

旅游本来就是一种体验性极强的活动。将体验融入体育旅游中更是这一类旅游活动的核心,这与当前旅游市场的发展需求是相符的。要想在体育旅游中获得更好的体验,就必然需要依托优质的体育旅游资源,如此才能为体育旅游者提供健身、娱乐、休闲、交际等各种服务,使旅游者在活动中体验到身心两方面的良好感受,从而对体育旅游的魅力有更深的感悟。

(二)消费性

依据体育旅游的定义,可知体育旅游者需要为所参与的活动支付一定的费用。与传统观光度假型旅游活动相比,旅游者为体育旅游支付的费用平均额度往往更高,这就会让一些经济不宽裕的群体有种望而却步的感觉。之所以参加体育旅游活动的费用普遍较高,主要与下列几个原因有关。

(1)为更好地参加体育旅游活动,在此之前必定需要掌握一定的活动技能。为此,就需要参加相关培训和学习,此时就已经开始为参与体育旅游活动间接消费了。

---

① 陶宇平.体育旅游学概论[M].北京:人民体育出版社,2012.

（2）一些体育旅游项目具有较强的专业性，再加上旅游者对时尚的追求，使得他们需要为专业的运动服饰和装备支付一定的费用，这一部分费用的数额往往较大。

（3）旅游者所参加的体育旅游活动需要配备专业化的带队人员，这些人员并非普通的导游，他们之所以拥有带队的能力也是经过精心培养和仔细筛选的。因此，雇佣这样的人员自然花费不菲。

（4）体育旅游的风险性特点决定了旅游者需要为参与活动的安全性支付一定费用。这些费用普遍用于购买安全防护装备以及人身意外保险等。

（三）地域性

体育旅游行业的发展与相应的体育旅游资源是紧密相关的。经过研究发现，一些必要的体育旅游资源的分布普遍带有地域性特点。正因如此，也就使得体育旅游活动具有了地域性的特点。

以我国一些体育旅游项目为例，要想体验到高质量的水上项目、冰雪项目、沙漠项目、丛林项目等，就需要前往我国的南方地区或沿海地区、东北地区、西北地区和西南地区。一般来说，凡是热衷参加体育旅游活动的旅游者往往对体育旅游项目的体验有较高的要求。为此，他们不惜来到距离自己居住地很远的地方寻求高质量的体育旅游体验，而一旦认可某个地方后，可能会定期多次来到此地参与活动。

（四）风险性

风险性是体育活动的基本特征之一，这对于体育旅游活动来说也是一样的。实际上，也正因体育旅游活动同样具有风险性的特点，才使得人们对此有所迷恋，当然人们并不是为了体验这些风险而来，安全活动仍旧是主题。

体育旅游中的一些项目需要人们挑战自我和极限，无形中就增添了几丝风险，如骑马、徒步、野营、登山、自驾游、探险、潜水、漂流或速降等。不难发现，这些活动都或多或少存在着风险，有些甚至将风险当作吸引人们参与的主要元素。现实中也的确发生过许多人们在参加风险性较大的体育旅游活动中遇险的事情，有些人甚至因此丧命。需要说明的是，尽管对于一些体育旅游项目的风险有了很多评估和预案，但无论怎样努力，仍旧无法完全避免意外事故的发生，自然因素、人为因素和综合因素等都有可能造成安全事故。自然因素是我们无法改变的，所以我们要重点从人为因素和综合因素着手，最大限度地减少安全隐患，降低事故率和伤亡率，而不是因噎废食。

(五)回头率较高

旅游者经常参加的传统旅游主要是以观光景点和人文景观为主,这些内容有一定的稳定性,即不会在短期内发生变化。这就使得这种旅游在经历过一次后,其价值就会大打折扣,有些景点甚至一生只来一次即可。相比之下,体育旅游则完全不同。这是由于体育旅游者总是以满足自身的某种活动爱好和项目为出发点,为此他们会反复参加、乐此不疲,由此就使得体育旅游具有了游客回头率较高的特点。例如,登山、远足、滑雪等体育旅游项目就非常典型,热爱这些运动项目的人通常会在一定时期内反复前往条件良好的地区参与这些项目,同一景区的体育旅游项目的回头客也有很多。

(六)技能专业要求较高

如果旅游者参加的是传统旅游,那么不需要他们具备什么样的技能,旅游主要以看和感受为主。体育旅游则没有这么简单,它往往需要旅游者具备某些特定的运动技能,如登山、攀岩、溪降等,以及足以支撑这些项目的体能。除此之外,体育旅游甚至还需要旅游者具备相关专业知识,配备专业运动设备以及运动专业人员等。可以说,只有当各方面都达到一定的专业要求后才能顺利开展体育旅游活动,否则难以开展,或是开展起来可能极不顺畅。

二、体育旅游的类型

对体育旅游类型的界定如果是从不同的学科出发,就会将其归入不同的范畴中。例如,以体育学的角度会将体育旅游中的许多项目纳入体育活动的范畴,以旅游学的角度会将体育旅游中的活动纳入自助旅游的范畴,以休闲学的角度会将体育旅游中包含的休闲项目纳入休闲活动的范畴。具体的体育旅游分类方法如图1-1所示。

从图1-1中可见,对体育旅游的划分来说,首要的两大类型就是参团体育旅游和自助体育旅游。之所以这样划分,其原因在于这是以体育旅游的概念、属性、实践、特征等要素为依据进行的划分。下面就对这两类体育旅游进行分析。

(一)自助体育旅游

自助旅游也叫"自由行",是当今非常流行的旅游形式。要想参加自助体育旅游,需要旅游者有一定的旅游知识和经验,如此才能更好地给自己的旅行活动安排好吃、穿、用、行、票务等事宜。自助体育旅游又具有两种类型,具体分析如下。

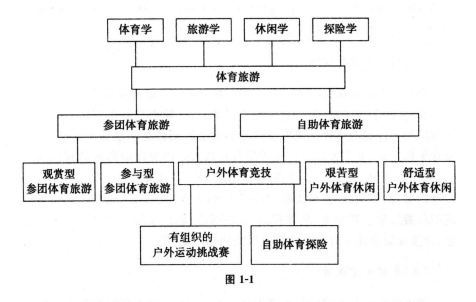

图 1-1

1.户外体育休闲

户外体育休闲是在户外环境下开展的以体育项目为主的休闲旅游活动。参加户外体育休闲的游客会获得最大的自由度,如果以不同体育项目为依据还可以再分出保健型旅游、健身娱乐型体育旅游和度假型体育旅游三种类型。

(1)保健型旅游

保健型旅游是指旅游者以参加某种保健活动为形式,并以获得治疗疾病、恢复体力、强健身体等保健目标而参与的旅游活动。保健型旅游活动带有较强的目的性。根据保健活动的形式,可以将保健型旅游分为自然保健型旅游和疗养型旅游两种。自然保健型旅游顾名思义就是在自然条件下进行的保健旅游活动,而疗养型旅游活动则融合了一些现代医疗技术(电疗、针灸、按摩、药疗、水疗)和自然条件(森林、湖泊、气候等)的保健旅游活动。

(2)健身娱乐型体育旅游

健身娱乐型体育旅游是指旅游者以参加某种健身娱乐活动为形式,并以获得身心愉悦感为目标而参与的旅游活动。与其他形式的体育旅游相比,健身娱乐型体育旅游更加突出娱乐、放松、健身的属性。

(3)度假型体育旅游

度假型体育旅游带有鲜明的体育意义,旅游者参与到这类旅行中主要是为了消除疲劳、调节身心和缓解压力。为此,人们往往会选择远离原本居住的地方,来到环境迥异的地方,感受与众不同的生活气息。度假型体育旅游的开展时间通常是人们的节假日,短假日如周末、清明节、劳动节、端午节、中秋节等,长假日如国庆、春节等。

2.自助户外竞技探险

自助户外竞技探险的旅游活动特点在于能够让旅游者在活动中充分挑战自我、张扬个性、挑战大自然。也正因如此,才使得这种旅游活动备受热爱探险的旅行者的追捧。热衷参加这类旅游活动的也多是那些富有个性、喜欢无拘无束、勇于表现自我和挑战自我的人。彰显探险特征的旅游活动必然带有一定的风险性,其中自然环境是最大的未知,人们在活动中要通过自身的努力、知识、经验和技能"对抗"自然,克服困难,只有这样才能获得预期的旅游体验。现如今,丛林探险、山地探险、洞穴探险、高空跳伞探险、潜水、沙漠探险等都是自助户外竞技探险的热门项目。

(二)参团体育旅游

参团体育旅游可细分为观赏型体育旅游、参与型体育旅游和竞赛型体育旅游。这三种类型的参团体育旅游各具特色,下面就分别对其进行阐述。

1.观赏型体育旅游

(1)概述

观赏型体育旅游是旅游者通过视、听等多种感觉器官对体育建筑场地、体育活动、体育艺术景点以及体育特色文化等进行欣赏和体验,并从中获得良好体验感的体育旅游活动。一般来说,个人在参加观赏型体育旅游前会一次性支付给组织者费用,然后体育旅游组织者统一组织人们的吃、住、行、游、观赛等事宜。观赏型体育旅游中的活动内容及行程一经确定就具有了一定的稳定性,如果出现变动需要与旅游者共同协商。

(2)特点

观赏型体育旅游的特点为个人几乎不参与旅行组织工作,较为省心,行程安排紧凑,个人自由度较小。

2.参与型体育旅游

(1)概述

参与型体育旅游是旅游者参与到某项体育活动中,并以亲身经历的形式且需消耗一定的体能,从中获得良好体验感的体育旅游活动。与观赏型体育旅游一样,参加参与型体育旅游的游客也要在旅游前一次性支付给体育旅游组织费用,然后体育旅游组织者统一组织人们的吃、住、行、游、参与活动等事宜。参与型体育旅游组织者需要在活动进行中随时为旅游者提供必要的指导、帮助及保护,而不能只是由旅游者任意自行活动。

（2）特点

旅游者参加参与型体育旅游活动的核心就在于通过亲身参与活动获得良好的体验与感受,重在体育旅游娱乐效果。其特点主要为组织便捷、行程安排紧凑、个人自由度较小、体能消耗较大、旅行舒适度较低。

3.竞赛型体育旅游

（1）概述

竞赛型体育旅游是旅游者以参加某种体育竞赛为目的而进行的体育旅游活动。多数竞赛型体育旅游活动是以集体为单位进行的,参与其中的旅游者务必要遵守活动纪律。鉴于竞赛活动的特殊性,使得该类体育旅游对参与者有一定的条件限制,如性别、年龄、体质状况等。在竞赛过程中,所有的参与者都必须服从组织者提出的要求。

（2）特点

竞赛型体育旅游的特点在于非常强调团队和纪律,行程安排紧凑,个人自由度极低,体能消耗大。

第三节　体育旅游的影响力及与社会休闲的关系

一、体育旅游的影响力

（一）体育旅游对经济的积极影响

现如今,我国旅游业快速发展,现已成为第三产业中非常重要的组成部分,这对推动国民经济发展具有积极的影响。作为旅游产业中的一个构成要素,体育旅游近年来的上升势头明显,在整个旅游业中的收益占比逐年增长。具体来说,体育旅游在经济方面的积极影响表现在以下几个方面。

1.促进外汇收入增加和国际收支平衡

当前,全球经济一体化的发展趋势势不可挡,各国之间经济往来密切,经济往来将世界连成一体。一个国家的经济发展只闭门造车是不会取得丰厚成果的,在这种大环境下,要想取得进一步经济增长,就必然要与其他国家发生经济联系,确保自身在世界经济市场上具有良好的购买力,并且必须对一定数量的外汇加以掌握。一个国家的外汇储备数量是衡量其经济实力和国际支付能力的标准。

一个国家增加本国外汇收入的途径主要有两条:一是以外贸途径来获取外汇,二是通过非贸易途径来获取外汇。旅游业的发展不仅吸引的是本国的游客,一些富有特色的旅游项目甚至会吸引世界各地的游客慕名而来,而这就是一种重要的增加外汇收入的方式(图 1-2)。

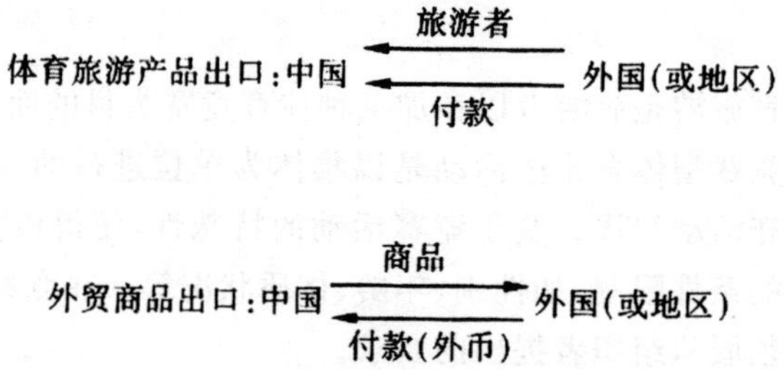

图 1-2

事实上,旅游业在创汇方面带来的影响是非常巨大的,一些积极的作用和效果甚至是出口贸易创汇所难以达到的。换汇成本低、节省运输开支、不受一般贸易保护限制等是旅游业创汇的主要表现。因此,也就使得一些包括体育旅游资源在内的旅游资源丰富的国家大力开展和完善本国的旅游业,这甚至成为旅游产业发达国家的经济根基。

2.增加就业机会

一个国家的政治、经济及各项事业的稳定发展都面临一个重要问题,那就是就业问题。就业问题关系到民生,甚至是国家的稳定。为此,能否解决就业问题以及安排就业的能力就成了衡量一个国家政局是否稳定、社会经济水平是否达到了一个较高阶段的标志。

纵观当前世界各国,多数国家都存在着人民的就业问题。之所以这些问题会成为社会亟待解决的问题,其原因在于信息技术及其他科技的发展让过去较低的人工生产效率大大提升,为此就不需要更多的人力参与生产,如此就造成了失业问题。在对待这一问题上,世界各国都在不断致力于开辟新的就业路径和工作岗位,以此将失业问题控制在安全范围之内。

行业发展带动就业。就我国目前的产业结构来看,基础产业的发展已经趋向饱和,这些产业能够为解决就业问题提供的帮助非常有限。以服务业为主体的第三产业目前是发展的重点,包括体育旅游在内的旅游产业在解决就业问题方面更具优势。其原因在于体育旅游业属于劳动密集型行业,并且具有突出的综合性特征,即围绕体育旅游业还能连带衍生出其他产业(如食、住、行、游、购、娱等),由此才能支撑体育旅游业的发展,这样就需要更多的岗位和人员为其提供服务。

体育旅游业的发展必定增加更多的岗位,增加人们的就业机会,这一效果的取得主要通过以下两种形式。

(1)扩大直接就业机会。体育旅游者在旅游过程中的直接消费是促进就业机会增加的行为。为此,相应的商店、酒吧、酒店等行业就需要招聘足够数量的服务人员来提供服务。

(2)扩大间接就业机会。体育旅游业的发展会带动其他行业(制造业、建筑业、食品加工业等)的发展,其中有些行业非常需要人力,由此也就使体育旅游的发展间接扩大了社会就业机会。

在了解了体育旅游业增加就业的两种形式后,还有必要了解其带动就业的特点。其中一点是有着明显的季节性变化,即有些体育旅游资源分布地区的气候使得能够开展旅游活动的季节有限,如以草原骑马为主要活动形式的体育旅游的旺季时间为每年的 5 月到 9 月,其余的时间当地气候较为寒冷,不适宜开展活动。如此一来,季节的变化就成了影响体育旅游就业的重要因素。还有一点是体育旅游业为女性提供的就业机会多于男性,众多的服务类工作对于女性来说更有优势,这是大数据统计下的结果。

3.优化产业结构

所谓产业结构,就是不同产业之间的比例关系。在我国,这些产业包括第一产业(农业)、第二产业(工业)和第三产业(服务业)。产业结构并不是以一种稳态的形式发展的,而是在一定时期内随着社会各方面发展的进程有所变化。不同国家的产业结构也有很大的不同。对于我国来说,第一产业和第二产业都属于根基型产业,第三产业的发展要建立在第一产业、第二产业发展的基础上。当社会生产力的发展达到一定水平后,根基稳固了,此时要想继续促进经济的发展,就需要将目光投向有无限潜力的第三产业。不可否认的是,第三产业供给人们的产品或服务有许多并非必需的,这决定了产品(服务)的弹性较大。社会生产力水平越高,经济就越发达,人们的剩余可支配收入也就越多,此时才会对服务产品有更多需求。所以,就目前我国的经济发展水平和趋势来看,我国的第三产业在产业结构中的比重将会越来越大。

起初,旅游业在我国的产业结构中只占据很小的一部分。但随着社会经济不断发展,我国文化自信程度不断增加,包括体育旅游业在内的旅游产业不断增大自己在产业结构中的份额。纵观全球范围,旅游业已成为最大的产业之一,特别是在第三产业中更是占有重要地位,其中体育旅游的经济价值越发突出。

体育旅游是一项综合性较强的产业,其发展程度如何非常受其他相关行业的影响,二者互相促进、互相支持。体育旅游具有很高的附加值,因此在优化产业结构方面具有非常重要的作用。在实际情况下,如果一个地区的体育旅游发展态势良好,那么该地区的原有产业结构必然会得到一定程度的优化。一旦借好体育旅游产业带来的东风,那么无疑有利于推动旅游目的地经济的发展,也为其他部门和行业的发展带来机遇,形成一种联动式的发展。

旅游产业的诸多特性使其在为经济做出贡献方面是非常理想和有明显效益的,其中体育旅游更是一种需要旅游者付出较高消费的一类。然而,体育旅游更新换代的速度很快,它紧随人们对时尚潮流的追寻。为此,这种更新远超人们使用的一般消费品。为了配合体育旅游的更新步伐,相关行业在生产方面只有不断引进新技术、新材料、新设备,制造出更好的产品和更优质的服务,才能满足消费者变化的需求,这在无形中可促进产业结构的优化。

4. 促进区域经济水平的提高,缩小地区差别

体育旅游获得的收益往往是由地区外的旅游者贡献的,如果旅游目的地属于经济欠发达地区,那么旅游者带来的经济效益就会给当地经济的发展做出贡献。从宏观上看,这无疑有利于更好地分配国民收入,促进地区间的经济协调发展。从实践中看,体育旅游发展的程度是由一个地区的体育旅游资源决定的,然而光有资源还不够,还需要有足够的经济实力和技术来合理开发这些资源。为此,经济越发达的地区其体育旅游开展得就相对更好,自然也就换来更多的游客。当然这并非说经济发展滞后的地区就一定不能通过体育旅游的方式吸引到游客,只要该地区体育旅游资源丰富且极具特色,再加上基本的开发,也会吸引大量游客来访,游客带来的消费反过来更要用在体育旅游资源的开发上,由此构成良性循环,让体育旅游成为当地的一种可持续发展的产业,成为该地区经济的一根支柱,这在一定程度上也能拉近其与其他地区的经济发展差距。

我国的西部地区普遍资源贫瘠、地广人稀,经济普遍落后于东部地区。但不可否认的是,西部地区有不少值得开发的体育旅游资源,有些地区充分

认识到了这一点，努力在体育旅游产业上有所作为，希望以此作为地区经济发展的着手点。从结果来看，一些地区确实改善了原来的经济面貌和环境质量，提高了本地人民的生活水平。为此，在我国西部大开发战略中可着重对有体育旅游资源的地区给予鼓励、引导和支持，以此获得转变地区经济形势的效果。

（二）体育旅游对社会文化的积极影响

1.增长见识，促进人民生活质量和身心素质的提高

体育旅游是一种较为新型的旅游形式，也是人们的一种特殊生活方式。通过参加体育旅游活动，人们可以暂时"逃离"自己长期生活的地方，来到环境迥异的地方感受层次更高、更富有魅力的生活体验。体育旅游的全过程中都伴随着欢乐，这让参与其中的旅游者不仅能够从多方面感受不同的生活，还能让自己从中得到新奇的感受和意志上的磨炼，以及在挑战中获得更多成功与失败的感悟。

良好的心灵体验是体育旅游注定会给予旅游者的心理感受，这些感受让人得以陶冶性情、开阔胸襟、愉悦精神。体育旅游活动的总体氛围总是能让人在活动过程中将注意力集中在活动本身，从而短暂忘却烦恼与压力。那些在大自然环境中开展的项目更是能让旅行者汲取到积极生活的因素。有数据统计，热衷并经常参加体育旅游的人往往更热爱生活，并且身心健康状况普遍更好。

体育旅游对于提高人的身体素质有着良好的功效。现代科技的发展大大改变了人们以往的生活模式，科技改变的生活基本都尊重着一个理念，那就是最大化地为人提供便利。这样伴随科技而来的生活就使得人们在生活中需要消耗的能力大大减少，生产方式也从过去过多的体力劳动转变为了基本都在办公桌上打打电脑就能完成的脑力劳动，再加上城市化导致的环境污染问题，一系列问题都侵蚀着人们的身体健康。参加体育旅游活动能暂时让人摆脱不利的环境以及久坐不动的生产模式。在旅游过程中，人们与大自然亲密接触，呼吸新鲜空气，接受阳光的沐浴。实际上，这些本应是人类最原始、最正常的生活模式，在这样的环境下，人们的体质下降问题也会有所缓解；反过来，良好的身体状态也是提高生活态度和工作效率的保障。

体育旅游无疑会开阔旅游者的视野。体育旅游目的地往往包含着大量的、不同的自然景观和人文景观，为了更好地了解活动或是从中获得知识，旅游者就需要了解足够的地理、历史、艺术等方面的知识，如此无形中就丰

富了旅游者的知识面,综合素养也得到了提升。体育旅游的目的地多数处于边疆地区,这些地区也往往是少数民族聚居的地区,当地有着众多奇特的风土人情、生活习惯、民间艺术等社会文化。旅游者如果能多多探访这些文化,对这些文化有所了解和感受,必定会提升自身的阅历和鉴赏水平。由此可见,体育旅游具有培养人的高尚情操和审美能力的功能。

体育旅游对旅游者的个性养成可以起到一定的作用,这要得益于体育旅游所具有的教育价值。对旅游者个性培养的价值主要表现在培养人们的意志品质及与他人的沟通能力和协作能力上,这对于青少年来说意义更加重大。青少年通过参与体育旅游活动可以提早体验社会生活,对人与人的交往方式和自身在团队中的作用有更加清晰的认识,这对他们日后走上社会、走上工作岗位后的为人处世都起到规范作用,如此也能让他们以正确的心态面对生活中出现的各种不顺与挫折。体育旅游还有利于激发人们的内在情感因素,有利于开发旅游者的智力,提高旅游者的艺术创造力。

对于人的求知欲的满足来说,体育旅游也是可以实现的。人本来就是一种求知欲很强的生物,在参加体育旅游的过程中,人们会面对很多未知的事物,如探索大自然、观察某种社会现象等。在体育旅游活动中发现问题,并且从中找寻解决问题的方法,这样求知欲就能得到满足。"处处留心皆学问",旅游者只要在旅游途中多加留意,就能够学到很多平时学不到的知识。

2.促进人与人之间的相互了解

体育旅游是社会交往活动中的一类,既然涉及社会交往,就注定在活动过程中有人与人的接触和沟通。处于社会各阶层中的人们在对一些事物的看法和思维上有些许不同,这都是会激发矛盾的点。参与体育旅游的人可能来自各个阶层,他们的不同观念和思维在活动过程中充分碰撞和展现,逐渐展现出他们真实的一面,慢慢地,人与人之间的误解、分歧等也会得到缓解甚至消除,有些人甚至因为一次体育旅游活动而结下深厚的友谊,这显然对促进社会文明发展和社会和谐的提升起到很大作用。

体育旅游是近年来发展非常迅速、在众多旅游者中拥有超高人气的一种新型旅游形式。其以参与某项体育运动为主要活动内容,参与其中的人会与他人建立感情,或是结交了新的朋友,或找到了终身伴侣。现如今,体育旅游的目的地被越发广泛地开发出来,地点不仅限于国内,还包括国外著名的体育旅游胜地。这种旅游形式无疑也增进了不同国籍的人们的接触和交流,非常有利于促进世界和平发展。

3.促进民族文化的发展和保护

体育旅游与社会文化有着紧密的关系。体育旅游业在今天的发展是非常迅速的,其中也彰显出它不容忽视的文化职能。体育旅游活动中除了有体育项目的安排外,还有对周边一些文化古迹的游览项目。由此,旅游行为也促进了对这些文化古迹及其周边环境的保护。

实际上,体育旅游在现代的快速发展也要得益于社会文化这一助推因素。将社会文化因素融入体育旅游中可以使体育旅游的内容更加丰富,人们在其中不仅能参与喜爱的体育项目,而且还能参与不同民族文化的探访之旅。与体育旅游相关的自然资源和人文资源都是民族文化的结晶。体育旅游者在旅游过程中对具有民族风格和地方特色的体育旅游设施进行不懈的追求,由此享受生机勃勃且富有文化修养的体育旅游服务,这一过程全都是被置于民族文化之下的。由此可以认定,民族文化是现代体育旅游的灵魂。

作为一名热衷体育旅游的人来说,他之所以青睐这项活动,并不只是完全期待其中所包含的体育活动,还有一个激发他参与热情的原因就是体育旅游活动可以满足他们追求不同文化的需求。体育旅游活动是可以满足人们对不同文化探索的好奇心的。为此,有些体育旅游者已经不满足于只是在自己居住的地方周边乃至本土文化围绕的活动,甚至希望能够探访其他国家和地区的文化,并从中获得新奇体验。非常可喜的是,现代科技带来的是越发便捷的交通,这为体育旅游者对他国文化的探访带来可能和便利。长此以往,旅游者的文化素质会得到一定程度的提高。

体育旅游将旅游者从原本的地方带到另外一个目的地,通过旅游者进入某地,也就带来了旅游者所属的文化,这就使得旅游目的地成了不同文化的交流地。然而,旅游出发地的文化传入旅游目的地会对目的地文化的发展构成积极和消极的双面影响。面对这种情况,需要人们提倡和弘扬积极的影响,多看到好的一面,对消极一面的影响尽量限制在最低水平,避免过度夸大消极影响,更不能因噎废食地阻止体育旅游业的发展。

(三)体育旅游对环境的积极影响

体育旅游在当地的开展必定会给环境带来诸多影响。这里所谓的环境不仅包括自然环境,还包括社会生活环境。较高的环境质量是发展体育旅游的一个重要条件,下面就对体育旅游给当地环境带来的积极影响进行分析。

1.有利于推动自然资源保护

山地、丘陵、草地、沙漠和森林等地形都是宝贵的体育旅游资源,一旦要开展体育旅游活动,就必定需要对这些资源进行开发,被开发后的资源才能真正为体育旅游提供基础保障,进而丰富体育旅游项目和提升质量。鉴于自然资源对体育旅游的重要性,更加激发了产业开发单位的重视与保护。

2.有利于基础设施的改善

体育旅游需要建设一定的基础设施,这些设施的建设意义在于可以使人们对体育旅游的参与行为更加方便通达。从公共交通的角度上看,对于拥有体育旅游资源的地区要对周边道路进行重新设计与建设,同时提升旅游线路上的运营车辆档次和数量。当然,辅以一定数量的加油站、服务区、停车场等配套设施也是非常必要的。

3.有利于促进相关设施的建设

除一些基础设施的建设外,要想搞好体育旅游产业还必须在许多连带设施建设领域做出努力。这些设施涉及很多方面,如餐饮、住宿、康复、健身、养生等。除此之外,与体育旅游项目相关的体育用品商店也应该以一定比例予以建设。

4.有利于促进地区卫生质量的提高

体育旅游活动会给旅游地区带来大量的人流,这对于当地的各项卫生状况提出了较高的要求,这是对当地卫生管理工作的考验。包括体育旅游在内的旅游地区的卫生质量要达到一定的标准,这个标准甚至要高于一般的生活环境。为此,体育旅游地区的管理部门就需要对卫生质量的提升做出努力,无形之间也就促进了当地卫生质量的提高。

5.有利于历史建筑和古迹遗址的保护

目前,许多体育旅游开展地除了拥有体育旅游资源外,还拥有一些历史建筑和古迹,这使得体育旅游的元素更加多元化,如此会吸引更多的游客前来以及增加回头客的数量。游客数量的增加直接带来的是各项消费收入,将收入中一定比例的资金用于历史建筑、古迹遗址的维护工作是非常理想的,这会让两者相互促进,达到双赢的状态,进入一种良性循环中,这样就使体育旅游的发展有利于历史遗址和古迹建筑的保护。

二、体育旅游与社会休闲的关系

现如今,有许多体育旅游的形式不断出现,这对满足不同需求的体育旅游潜在游客来说显然是非常理想的情况。随着体育旅游市场的不断发展,其自然也能为有更多需求的游客提供服务。为此,对体育旅游市场进行细分是非常有必要的。在经过研究后发现,体育旅游经常是与人们的社会休闲行为分不开的,如此便出现了与休闲活动紧密结合的体育旅游形式,如体育休闲旅游、体育旅游休闲、休闲体育旅游等。

(一)体育休闲旅游

体育休闲旅游是指以旅游资源为依托,以体育休闲为主要目的,以旅游设施为条件,以特定的体育文化景观和体育服务项目为内容,离开常居地而到异地逗留一段时期的体育游览观光、体育休闲娱乐、体育竞赛观摩和休息等活动。

体育休闲旅游活动的出现是社会经济高速发展的产物。如今的人们摆脱了过去仅满足于吃饱穿暖的生活状态,开始追求生活的质量,想要拓宽眼界、增长见识。在这一思想的带动下,过去那种只是观光和度假的旅游模式已经不能满足人们的需求。人们逐渐更加期待参加那种能获得休闲、健身、娱乐的多元素旅游模式,以此获得更为理想的、与自己实际需求更契合的身心体验。为此,体育旅游从中脱颖而出,成为一种颇受欢迎的休闲生活方式和时尚追求。实际上,对体育休闲旅游来说还可以细分为以与自然资源结合的户外身体活动为内容的体育休闲旅游以及以室内身体活动为内容的体育休闲旅游。不过,较常出现的体育休闲旅游活动多为前者,这是因为与自然环境结合的体育休闲旅游活动更符合多数人的期待,特别是对久居城市中的人来说更是如此。对体育休闲旅游的理解有多个角度。

第一,游客所期待的是参加体育休闲旅游中的切实活动,这是最直接的旅游目的,或者是参与与休闲体育紧密相连的内容。

第二,体育休闲旅游是以休闲体育为主要内容或手段的旅游活动形式,它满足的是人们在自然与文化的融合中观察、感受、体验异地自然风光或异地文化等需求。

第三,参与体育休闲旅游要离开人们原本居住的地区,并以身心活动为主要内容而进行的能促进身心调节、达到自我愉悦需要的活动形式。

体育休闲旅游活动带给人的不仅仅是身体方面的锻炼,还在于它对人的心理的调理作用,如此可以使人的紧张情绪得以舒缓,正向情绪增加。如此看来,与其他旅游形式相比,体育休闲旅游的最大特点就是动静结合、累闲相伴、行居有序。从某种意义上而言,体育休闲旅游是体育旅游市场得以细分、多向发展的产物。

相较于其他旅游形式,体育休闲旅游的最大特质在于其所具有的体育休闲特征,体育活动是其休闲的主要手段。通过体育的形式让人获得休闲体验,将人从压力中释放出来,给他们创造一个能够重新回归本我的机会,并让人们能够以自己喜欢的体育活动方式去锻炼、消遣和培养良好心智。体育休闲旅游与其他形式旅游活动的差异见表1-2。

表 1-2　体育休闲旅游与观光旅游、度假旅游比较①

旅游形式	体育休闲旅游	观光旅游	度假旅游
旅游时间	较短(假日消费)	较短	较长
旅游目的	强身健体	开阔视野	放松身心
旅游周期	周而复始	一次性	周而复始
旅游差异	个性化、体验化	简单化、无差异	少差异
旅行方式	散客、团队	团队、散客	散客

(二)体育旅游休闲

体育旅游休闲给现代休闲时代的到来安装了一个助推器。随着社会、文化、科技的进步,人们的生活水平不断提高,随之而来的是人们保健养生、休闲娱乐意识的提升。为此,越来越多的人选择了体育旅游休闲活动来充实业余时间,从而使自身的精神和文化生活都得到了丰富。

目前,我国各地都在致力于推广地区民族传统体育特色项目,这对于体育旅游经济与休闲产业经济可以起到一个巨大的带动作用。更重要的是,现代生产力的快速发展也在一定程度上为体育旅游休闲提供了物质保障,一系列与体育相关的基础设施建设也在如火如荼地展开。在如此多措并举、共同谋求体育旅游产业不断发展的思想和实践下,体育旅游休闲活动得到了最便利条件,体育旅游休闲也成了人们追捧的活动,甚至成了当下一种新潮的社会文化现象。

从经济学和产业学的角度来说,体育旅游休闲是体育旅游市场向纵深细化发展的结果,其也是体育旅游中的一个组成形式。通过上述对体育旅游休闲的各方面描述,基本可以认定体育旅游休闲是一种以观赏和参与休

---

① 柳伯力.体育旅游概论[M].北京:人民体育出版社,2013.

闲娱乐活动为目的,或以休闲娱乐为主要内容和手段的一种体育旅游活动形式。体育旅游休闲是将体育旅游资源和休闲资源有机结合起来的产物,也是体育旅游产业和休闲娱乐产业相结合的产物,还是体育旅游文化和休闲文化相结合的产物。

体育旅游休闲的最大特点在于它是旅游资源、旅游产业、旅游文化与体育休闲的复合体,其所包含的内涵颇多,并且格外强调了休闲娱乐的核心属性。简单说,就是在体育旅游中注重自由自在的休闲娱乐过程,在休闲娱乐中消除体育旅游中身心的疲惫是其主要目的所在。

(三)休闲体育旅游

现如今,旅游已经成了人们休闲生活中的重要选择项目之一。随着休闲时代的到来,带有浓厚休闲特点的旅游活动更加成为人们享受休闲时光和追求时尚的重要选择。休闲体育旅游作为旅游类型中的一种,其本质也与现代人体验的内在规律性相符。人们可以在参加休闲体育旅游的过程中回归自然、亲近自然、享受自然、找回本我。从宏观方面讲,休闲体育旅游还是休闲经济产业中的新兴发展领域,其发展有助于休闲经济产业的整体向上和可持续发展。

实际上,对于休闲体育旅游的相关研究早在几十年前就被一些研究者关注,并从不同角度对这一活动进行了研究,基本认定休闲体育旅游是人们在余暇时间离开常住地,以休闲体育活动为主要内容,以获得身心体验为目的,以丰富和细化体育旅游市场为宗旨的社会旅游活动。其类型较为多样,通过细分可分为健身娱乐休闲、户外运动、拓展休闲、观光休闲、度假型休闲、竞赛型休闲、滨海休闲、民族体育等多种休闲体育旅游类型。每一种都有独具特色的特点以及难以比拟的优势。

(四)体育旅游与社会休闲的互动关系

体育旅游与社会休闲之间存在着非常积极的互动关系,二者相得益彰,共同为人们社会生活质量的提升增添色彩。具体来说,二者的互动关系表现为以下两点。

1.体育旅游活动丰富了社会休闲活动

社会休闲活动种类多样,体育旅游活动的开展和兴旺注定会丰富社会休闲活动。

第一,体育旅游充实了社会休闲活动种类,这也是带动旅游目的地经济发展的有益行业。

第二,体育旅游可以充分彰显旅游自然资源的优势,并且还能带动旅游人文资源的形成与丰富。

第三,体育旅游能满足人们的身心发展需求,提升其生活质量,进而为社会主义精神文明建设添砖加瓦。

2.社会休闲促进了体育旅游的发展

可以说,社会休闲为体育旅游奠定了坚实的基础,具体表现在如下四点。

第一,社会多产业之间的协同发展为体育旅游提供相应的物质基础。

第二,社会休闲的一系列发展和变革为体育旅游的发展打下了必要基础。

第三,居民生活质量不断提升,加上人们健康观念和休闲方式的转变等都为体育旅游的发展提供了必不可少的条件。

第四,社会休闲文化的形成从主观上引导着人们将目光投向体育旅游。

第二章　体育旅游的发展历程与现状分析

随着社会经济的迅猛发展,人们的生活水平不断提升,对于旅游的需求也越来越强烈,并且这方面的要求越来越高。顺应时代发展的潮流,国内外体育旅游正在快速发展,并且逐渐步入正轨,以不断满足人们对体育旅游的需求。本章主要就体育旅游的产生与发展历程以及国内外体育旅游发展现状展开分析,最后提出关于我国体育旅游发展的建议,以期为我国体育旅游的发展提供指导。

第一节　体育旅游的产生与发展历程

一、旅游视角下体育旅游的产生与发展

现在我们很难准确地考证体育旅游起源于什么时候,但作为人类社会经济和文明发展产物的旅游与人类生活密切相关,而体育旅游作为旅游的一个重要组成部分,同样与人类社会的发展有着密切的关系。因此,我们可以透过人类社会及旅游的发展来探究体育旅游的产生与发展。下面重点从旅游视角出发对体育旅游的产生与发展进行分析。

(一)人类早期的旅行与体育活动

1.原始社会早期人类的生存活动为体育旅游奠定了基础

在原始社会早期,生产力水平非常低下,人们将生存作为一切活动的核心目的,即开展所有活动都是为了生存。人类谋求生存主要有两种方式:第一是求食,维持生命活动;第二是求殖,繁衍后代,延续人类种族。当时人们只有居住在洞穴或在野外栖息才能寻求到食物,以解决温饱问题,有时为了求食,甚至还要攀爬悬崖峭壁或翻越崇山峻岭。人们为了提高生存能力,顺利找到食物,维持生命,将大量的权棍、石斧、石刀等工具制造出来,并且在

求食的途中广泛应用这些工具。人类原始的这些为了生存而进行的活动为体育旅游的产生奠定了基础,如攀爬、越野、捕鱼、狩猎、野营等生存行为是现代野外生存的起源,现在的户外运动、野外生存、体育旅游中也包含了这些基础内容。只是当时人们客观上都不具备旅行的条件,主观上也没有这方面的动机。

需要注意的是,尽管在原始社会中流动、迁徙事件也时有发生,但人们基本都是为了求食或避难,是以生存为目的的。迁徙必然会发生空间上的变化,从表现形式上来看这与旅游的空间位移特征是相似的,但实质而言,迁徙与旅游在根本上是有区别的,旅游有三个基本属性:一是移动目的的休闲性,二是移动时间的暂时性,三是移动空间的异地性,而迁徙活动不具有这三个属性,所以不能认为原始社会的迁徙活动就是旅游。

2.人类早期的旅行要借助体育方式

社会大分工刺激了早期旅行的产生。经过三次社会分工后,人们从事着更加专业化和细致化的工作,社会生产、生活也渐渐趋于稳定,人们想在固定地方长久居住下来的愿望越来越强烈。为了获得必需的生产资料与生活资料,人们不得不与其他地域的人交换产品。要用自己的产品去交换自己想要的产品,就要对交换地人们的需求有所了解,在掌握可靠需求信息的基础上再去这些地区进行货物或产品交换,提高交换的成功率。随着异地产品交换的出现,原始商人也逐渐出现。原始商人为了做生意,经常去异地,并会在那停留一段时间,然后再返回居住地,这种生产经营方式是伴随着空间位移的,人类最早的外出旅行的需要由此而产生。

随着商品交换频率的增加和地域范围的扩大,人们的外出活动也越来越多,而且空间位移跨度也不断扩大,但因为当时环境比较恶劣,也没有便捷的出行工具,人们每次外出便会消耗很多体力,徒步、骑马等是最常见的方式,这些外出方式包含着体育旅游的因素,这时的外出活动基本上可以称得上是旅行。

3.观赏体育活动是奴隶制社会旅行的主要内容

奴隶制社会时期,社会经济繁荣,国家不断加强基础设施建设以巩固统治,这时民间旅行活动也随着经济的发展与基础设施的完善而不断发展,主要表现为规模不断扩大、范围明显增加、条件越来越便利。这一时期,统治阶级为了消遣和寻求刺激,培养大量的角斗士,看他们表演,或者直接观赏斗兽,这些都包含着体育活动欣赏的因素。这一时期,奴隶主和贵族的消遣娱乐方式及发展趋势能够从斯巴达式的教育中体现出来。从这时起,新型旅行方式也慢慢开始出现,它的特点主要表现为人们暂时离开居住地,去异地游览后返回,以放松身心和休闲娱乐为主要目的。

可以说,古代旅游活动是基于旅行活动而产生的,但它在传统旅行的基础上又增加了新的内容或元素,如休闲娱乐、精神享受等,这样旅游和旅行的性质就有了区别。古代旅游活动之所以能够兴起于奴隶制时期,和当时统治稳固、经济繁荣、物质文明发展等有着密不可分的关系。航海冒险旅游、修学旅游等是当时旅游活动的几种常见形式。①

4.封建社会的旅行为现代体育旅游的发展提供了借鉴

封建社会的旅行活动越来越多,这主要得益于当时经济发达、交通便利、统治阶级兴建驿站等,不断完善的社会条件为人们外出旅行提供了很大的便利。当时的旅行方式可以说是丰富多彩的,常见的有帝王"封禅"、官吏离赴任、读书人访学赶考等。此外,传统的商务旅行在这一时期也得到了显著的发展。

封建社会时期,人们旅行的方式主要是驾车、骑马、徒步等,这些也都是体育旅游的方式,途中消耗体能是在所难免的。总之,封建社会旅行活动的发展为现代体育旅游的发展提供了宝贵的借鉴。

5.原始社会早期旅行的特点

人类早期旅行发展的特点主要表现在以下几个方面。

(1)人类早期为了生存而开展的活动使其野外生存经验十分丰富,这为户外运动、野外生存等体育旅游项目的开展奠定了一定的基础。

(2)早期人类的迁徙是被迫性的,不能将其归入现代旅游的范畴。人类最初的外出旅行是一种经济活动,是基于交换产品或经商需要而产生的,而不是像今天所说的旅游一样是为了度假、休闲娱乐。早期的外出旅行活动要借助一些体育方式(徒步、骑马等)来开展,这对体育旅游的发展是有借鉴意义的。

(3)奴隶制和封建制社会时期的旅行并非都是经济活动,也有一些是以统治阶级与贵族阶层为主要参与者的消遣性娱乐活动。虽然他们的消遣活动不能代表广大民众,不具有普遍意义,但活动内容和方式与体育旅游是有关的,具体与体育观赏类活动有关。

(4)广大劳动人民在政治和经济上受双重压迫,客观上很少有能力参加这类活动。可以说,体育旅游一开始就属于上层阶级,成为统治阶级休闲消

---

① 陶宇平.体育旅游学概论[M].北京:人民体育出版社,2012.

遣的方式。

(二)近代旅游与休闲消遣

19世纪初期开始,旅行在很多方面都越来越接近真正意义上的旅游,并具有了现代旅游的一些特征。这一时期,传统意义上为了生存而迁徙的人及以经济活动为主要目的的旅行逐渐减少,而为了消遣娱乐外出度假的人不断增加,而且在大众旅游活动中,旅游服务业发挥了非常重要的作用。

1.近代旅游兴起的社会背景

工业革命对近代旅游的兴起起到了极大的推动作用。作为社会经济发展的必然产物,工业革命推动了社会生产力的发展和社会生产关系的变革,并在很大程度上影响了人类社会各个方面的发展,其中就包括旅游的兴起与发展。

工业革命对近代旅游的影响主要从以下几个方面体现出来。

(1)促进交通发达,使人们旅游的范围更大、距离更远

蒸汽机的发明是工业革命的一个重要标志,蒸汽机在交通工具中的运用使交通运输的动力问题得到了有效的解决,新的交通工具、交通方式应运而生。世界上第一台蒸汽机车、蒸汽轮船分别于1804年、1807年出现。和古代交通工具相比,新的交通工具有着很强的运载能力,而且速度快,原来的旅游都是小规模、短距离的,出现新的交通工具后,旅游的规模和距离都有了翻天覆地的变化。

(2)推动城市化发展,改变生活方式,刺激旅游需求

工业革命促使城市化进程加快,随着机器化生产水平的提高和工厂生产规模的不断扩大,农村人口大量涌入城市,大机器工业劳动(重复单一)逐渐替代了一部分农业劳动(随农时变化而忙闲有致),人们的生活方式也逐渐发生了变化。城市生活节奏快,社会环境拥挤,一些人因不能快速适应而产生了逃避心理,希望在紧张的环境中有机会获得短暂的休息与调整,这刺激了旅游需求的产生。

(3)阶级关系的变化使旅游者规模扩大

工业革命后,一部分社会财富逐渐向新兴资产阶级群体流入,这时有经济条件外出旅游的除了封建贵族、土地所有者外,还有这些获得社会财富的资产阶级,因而旅游者人数大幅增加。此外,工业革命后以付出劳动力而获得报酬的工人阶级收入不断增加,他们也逐渐加入旅游大家庭,成为旅游者。

2.旅行社的出现

工业革命促进了社会经济的发展与繁荣,有意愿、有能力旅游的人越来越多,但因为旅游服务的缺失,导致人们不了解旅游地,不能提前规划好行程,无法顺利解决食宿问题,而且存在语言障碍,这些问题都给人们的旅游带来了很大的不便。为了解决这些问题,满足旅游者的需要,旅游发展史上的里程碑式人物、近代旅游业的创始人——托马斯·库克(英国)设立了相应的组织机构,做出了巨大的贡献,下面具体进行分析。

1841年7月5日,托马斯·库克包租火车组织了540人从莱斯特前往拉夫巴罗参加禁酒大会,他同铁路公司签订合同,以1先令(英国的旧辅币单位)的低廉票价发售了来回票。托马斯·库克在途中热情照料人们,赢得了人们的认可。此次活动让托马斯·库克产生了组织旅行的想法,这次活动也成为近代旅游的开端。后来托马斯·库克多次组织旅游活动(主要是义务劳动),他也因此在旅游界有了很好的名声。

1845年,世界上第一家旅行社——托马斯·库克旅行社成立,托马斯·库克专门经营旅游服务业务,这是近代旅游业诞生的标志。

1845年8月4日,托马斯·库克组织了一次350人参加的观光团体旅游,从莱斯特到利物浦,这是他首次组织消遣性的观光旅游活动。他提前对旅游路线进行了考察,将沿途的各个游览点确定下来,安排好了途中的住宿事宜,回来后编写了关于此次旅行的指南手册——《利物浦之行手册》,使旅游者对此次的行程做到心中有数。

1846年,托马斯·库克又成功组织了一次提供导游服务的团体旅游活动。从此,托马斯·库克和他的旅行社名声大噪。

1855年,法国巴黎举行世界博览会,托马斯·库克组织50余万人前往参观,这是世界上最早的出国包价旅游活动。

1864年,全欧洲最大的旅游企业——托马斯·库克父子公司成立,旅游业务越来越广,为了拓展业务范围,还设立了分公司,分布在亚洲、美洲、非洲等地区。

此外,世界上最早的旅行支票也是由托马斯·库克创办的,时间是1872年。

托马斯·库克所做的贡献对近代旅游的发展起到了巨大的推动作用。除此之外,近代旅游的发展也与一些俱乐部的成立有关,如英国分别于1857年和1885年成立了登山俱乐部和帐篷俱乐部,1890年法国、德国成立了观光俱乐部。从19世纪下半叶开始,欧洲大陆就不断出现这些类似的旅游组织机构,并组织大规模的旅游活动,具有了体育旅游的普遍意义,体育旅游渐渐走向了商业化发展之路,以体育为主要内容的旅游活动慢慢流行开来。

3.近代旅游的特点

旅行社出现后,旅游步入商业化发展轨道,旅游活动成为社会经济活动的一个重要组成部分,对社会经济的发展起到重要作用。随着近代旅游与社会化大生产的不断结合,旅游消费呈现出商品消费的特征。

总体而言,近代旅游的特点表现如下。

(1)便捷的交通促进了新的旅行方式的出现

蒸汽机这一伟大的发明使人们外出旅行的交通工具发生了巨大的变化,以火车、轮船为主,旅行距离也因此而大幅拓展。人们外出旅行的时间成本减少了,可以花较少的时间去更远的地方旅行。海上旅行也随着大型轮船、豪华游轮的出现成为可能。总之,交通工具的进步极大地扩大了体育旅游的空间范围。

(2)旅游胜地被迅速开发

随着旅游者人数的增加和旅游者旅游需求的提升,各地纷纷开发旅游胜地,突破了传统意义上以观赏自然景观为主的旅游形式,出现了丰富多样的旅游形式。旅游胜地的旅游设施越来越健全、完善,人文景观的旅游价值被开发出来,与自然景观融为一体,旅游胜地的原始形态因而发生了明显的变化。随着旅游资源的不断开发,旅游景点的景观越来越出彩,这也进一步丰富了体育旅游的内容。

(3)休闲消遣型旅游活动成为时尚

经济条件丰厚的资产阶级为了打发余暇时间,寻求各种活动方式,其中有静态舒适的享受方式,如泡温泉、乡村度假,也有惊险刺激的活动,如登山、探险等,这些活动都是以休闲消遣为目的的,随着参与者的增加和活动的频繁出现,这类旅游逐渐成为社会新时尚。

(4)旅游缺乏广泛的群众性

随着社会经济的不断发展,旅游人数不断增加,旅游活动参与者的结构也发生了一些变化,旅游队伍中除了资产阶级,新增了商人、企业家、学者、自由职业者等群体,旅游不再是专属于贵族的活动。但在旅游活动的众多参与者中,只有少数参与者才是真正为了消遣娱乐而参与其中的,而且广大老百姓的经济条件还不足以支撑其参加旅游活动,所以说旅游缺乏群众基础。参与体育旅游活动必然需要付出一定的时间成本和资金成本,而且这方面的要求比较高,因此参加体育旅游活动对经济条件不好的平民百姓来说无疑是一种奢侈行为。

（三）现代旅游与健身娱乐

现代旅游指的是第二次世界大战以后，尤其是 20 世纪 60 年代以来在世界各地普及与流行的社会化大众旅游。随着现代旅游业的迅速发展，旅游业在世界产业结构中的地位逐渐被确定下来，旅游业的发展在各国渐渐受到重视。

1. 现代旅游发展的背景

社会化大众旅游在第二次世界大战以后迅速兴起并发展起来，主要和以下社会背景有关。

（1）经济繁荣发展

第二次世界大战后，世界各国的经济逐渐恢复，并不断向前发展，一些原先在军事领域被熟练运用的技术逐渐在社会相关领域得到广泛运用，促进了科技的进步和社会生产力水平的提升。世界局势的缓和、社会的稳定为各国经济的繁荣发展提供了良好的环境，这一时期西方发达国家的经济发展尤为迅速。经济的发展直接促进了人们生活水平和消费水平的提升，人们有一定的经济能力为旅游支付必要的费用，这刺激了旅游的普及与发展。

（2）世界人口迅速增加

在第二次世界大战结束后初期，世界人口大约有 25 亿，到了 20 世纪 60 年代末，世界人口大约有 36 亿。可见，世界人口增长的速度之快。世界人口基数的扩大为世界旅游者的增加奠定了基础。

（3）城市化进程加快

世界各国的城市化发展进程在第二次世界大战以后都明显加快，全球出现了城市化热。世界城市人口在总人口中所占的比例不断增加，发达国家的城市人口在总人口中的占比更高。城市中有很多工薪阶层所从事的工作是单调重复的，他们在身体上与心理上承受的压力都很大，因此有放松身心、休闲娱乐、调整生活节奏的需要，他们将度假旅游作为满足这种需要的一种选择和方式。

（4）生活观念发生变化

第二次世界大战后，人们的生活观念也随着经济的发展和生活质量的提升而发生明显转变，生活观念的变化又引起了消费观的变化，进而消费方式也随之发生变化。以前人们主要追求或者说只追求丰富的物质生活，现在随着观念的变化，在物质生活需要得到满足的同时，人们渐渐开始追求精神享乐和身心健康，生活方式越来越具有个性化色彩。人们的生活圈子不再固定于某一有限的范围内,外出旅游的人越来越多,人们希望走出去享受更美好的生活。

(5)闲暇时间增加

20世纪中期以后,社会生产中越来越重视对科技的应用,这大大提高了社会自动化生产水平和生产效率,人们的体力劳动时间减少,有了一定的闲暇时间,这从时间上为人们参加休闲旅游活动提供了重要的保证。

(6)交通工具日益进步

第二次世界大战结束后,不仅火车、轮船等交通工具的速度及运载能力得到了提升,而且汽车、飞机等交通工具也得到了迅速发展。欧美发达国家已有一定比例的家庭拥有私家小轿车,长途汽车已有了较为完善的运营网络,高速公路及配套设施的建设也越来越完善。人们的短途与中途旅游以汽车为主要交通工具,长途旅游以火车、飞机为主要交通工具,人们可以花较少的时间去遥远的异地旅行,快速、便捷、舒适的飞机更使人们的旅行空间大大增加。

(7)政府支持

世界各国在第二次世界大战后逐渐认识到了旅游业在国家经济发展中的重要性,并越来越重视旅游业的发展,希望通过发展旅游业来推动国家经济发展。与此同时,旅游在促进国民素质提升方面的作用也越来越受关注,一些国家希望通过发展旅游业来使国民素质得到一定程度的提升。发展经济、提升国民素质都是各国政府积极扶持旅游业发展的主要原因,世界旅游业在各国政府的支持下获得了快速发展。

(8)人们的文化和审美素质提高

20世纪中期以来,各国的教育事业不断向新的广度和深度发展,人们的审美情趣得到提高,对自己乡土和其他地区与国家的事物了解程度增加,这助长了人们的旅游动机,使人们有了外出旅游的动力。

2.现代旅游发展的历程

进入20世纪后,由于人们的物质财富不断增多,对休闲的追求也越来越高,而且西方人权、自由的思想一步步深入人心,促使旅游市场迅速扩大。整体来看,可以将西方现代旅游的发展与变化划分为以下三个阶段。

(1)第一阶段

第一阶段是从20世纪初至第二次世界大战结束。20世纪早期,旅游的发展首先依靠的是经济收入的增长,然后才是交通方式的进步。到了20世纪30年代,带薪假期已经不再是上流社会奢侈的特权,而成为普通人生活的一部分。与此同时,其他方面的进步也促进了休闲旅游需求的出现。

很多更为富有的人开始利用交通技术系统的进步,乘坐远洋渡轮、飞机或汽车享受更具异国情调的假期。乘坐长途汽车旅游、自驾旅游变得相当普遍。在这段时期里,人们对假期价值的认识与日俱增。1931—1939 年,有权享受带薪假期的工人数量就从 150 万人增加到了 1 100 万人,同期平均周薪成倍增长。[①]

(2)第二阶段

第二阶段是从第二次世界大战结束后到 20 世纪 70 年代。第二次世界大战后,大多数西方发达国家的旅游业迅速发展起来。20 世纪五六十年代,旅游产业迅速发展不仅对其间出现的包价航空旅行产生了巨大影响,而且也促使以家庭为中心的休闲旅游形式迅速发展。社会财富的日益增加也使工薪阶级开始享受海外长途旅行,而这以前只有中上层阶级才能享受。

(3)第三阶段

第三阶段是 20 世纪 70 年代后,这一时期旅游业成为重要的经济支柱。大众旅游的兴起和旅游业的大力发展使旅游成为新型的社会时尚,旅游业成为许多国家和地区经济发展的催化剂,甚至发展成为经济支柱。

以英国为例,20 世纪 70 年代后英国国内旅游者的数量保持相对的稳定,旅游花费的数量却增多了。出境游的人数大量增加,英国居民出境游人数从 1987 年的 2 700 万人次增加到 1997 年的 4 600 万人次。自 1970 年开始,英国政府就认可了旅游是英国经济重要支柱的观点和事实。

3.现代旅游的特点

(1)旅游目的地的变化——由城市向乡村发展

人们过去的旅游一般是从这个城市到那个城市,观赏的是城市间的差异。随着城市化进程的加快、现代物流的高度发展以及大众文化的广泛传播,城市间的共性越来越多,差异越来越少,城市缺少个性化,到哪个城市旅游都大同小异。于是,人们开始把目光投向了郊区和乡村,纷纷涌入乡村旅游。乡村天地广阔,"十里不同风,百里不同俗",为旅游者提供了更多的差异化目的地的选择自由。乡村旅游发展改变了农业发展模式,改善了农村的产业结构,增加了农民的经济收入,促进了城乡一体化的发展,缩小了城乡经济差距。

(2)旅游类型的变化——由观光向休闲发展

人们刚开始旅游都是为了追求新奇、欣赏美景,换一个角度看世界。随着旅游经历的丰富和旅游体验越来越深刻,人们不再满足于"走马观花"的

---

① 陶宇平.体育旅游学概论[M].北京:人民体育出版社,2012.

旅游方式。人们希望走出常住地,换一种视角看世界,在一定的时间里换一个环境,使在长期紧张而压抑的现代生活中形成的心理压力得以释放,使身心获得轻松和愉悦。于是,传统的观光旅游逐渐向以休闲娱乐为主要目的的新的旅游方式转变。

(3)旅游内容的变化——由人文成就向自然环境发展

人们参与旅游活动,起初较为关注人类创造文明的成果和建设的成就,尤其是各种博览会和不同的城市建筑,现在旅游者对此仍然感兴趣。但是,钢筋水泥的建筑和高速度、快节奏的城市生活使人备感压抑,现在除了有限期的博览和偶尔一遇的节庆外,人们更愿意回归自然,与大自然亲密接触,在大自然中放飞心情,感受"天人合一"的美妙。

(4)心理感受的变化——由享受向刺激发展

随着旅游的快速发展,人们的心理感受也发生了变化。人们参与旅游,享受旅游业提供的服务,标准等级、豪华等级、超豪华等级,一个档次比一个档次更舒适、更为人性化。现代生活科技含量高,人们乐于享受其中,但如果外出旅游也是这样的享受,无差异、无个性的舒适就会让旅游者感到不适。于是,旅游者开始寻求刺激。体育旅游与户外休闲正好满足了人们的这种心理需求,所以拥有非常广阔的市场前景。

(5)旅游方式的变化——由听从安排向自我掌控发展

社会发展的节奏很快,人们的思维、行为也越来越快,旅游方式上也更追求便捷。人们外出旅游希望减少空间位置移动的时间消耗,增加目的地的活动时间。乘坐高铁、飞机使人们几乎放弃了途中观光而直达旅游目的地。但现代游客更喜欢张扬个性、突出自我,在旅游方式和节奏上也希望能够由自己控制。这样一来,汽车自驾游、摩托车自驾游、自行车骑游,甚至徒步旅行就成了现代旅游的新潮。

(6)旅游节奏的变化——由"快行快游"向"快行慢游"和"深度体验"发展

现代社会生活方式的特点是高速度、快节奏,人们在有限的闲暇时间里总想尽可能地减少旅游空间移动所花费的时间,希望搭乘的交通工具方便、快捷、安全,而在旅游目的地却愿意多花一些时间来慢慢品味和进行细微体验。因此,过去"蜻蜓点水"式的"快行快游"方式逐渐向"快行慢游"和"深度体验"发展。

综上分析,旅游从传统的观光旅游向体验式的体育旅游发展是一种必然趋势。体育旅游适应了现代社会的发展需求,能够满足现代人对休闲、刺激的旅游内容的需求,因此发展前景广阔。

二、改革开放以来我国体育旅游的发展历程分析

改革开放至今,我国体育旅游不断发展,取得了诸多成就。下面系统回顾改革开放以来我国体育旅游的发展历程。

(一)1978—1991 年:探索起步阶段

对于我国来说,1978 年是具有历史意义的一年,党的十一届三中全会在这一年成功召开,从此我国开启了对内改革、对外开放的新格局,进入了社会主义现代化建设的新时期。改革开放成为一项基本国策后,我国在政策上为体育旅游的发展提供了重要的保障。随着社会各方面积极落实改革开放政策,我国旅游业迅速发展,并初步取到了一些成果,其中包括体育旅游方面的成果,如体育旅行社或体育旅游公司在四川、海南、西藏等地逐渐创立,但这些旅行社或旅游公司的业务还是以普通旅游为主,很少有体育旅游业务。

中国改革开放的步伐在 20 世纪 90 年代后逐渐加快,人民生活水平较之前有了显著提升,再加上新的节假日放假规定的颁布,我国刮起了一股旅游风。很多旅游爱好者将体育旅游项目作为旅游内容的首选,如攀岩、滑冰、漂流等,主要是因为这些体育旅游项目既有旅游的休闲娱乐性,又有体育的挑战刺激性,参与这些项目,既能得到放松,又能满足追求刺激的需求。

(二)1992—2008 年:缓慢发展阶段

20 世纪 90 年代以后,随着改革开放进程的加快,我国政府大力扶持第三产业的发展,旅游业作为第三产业自然也受到了政府的重视,而体育旅游又是旅游的重要组成部分,所以国家也颁布了相关法律文件来为体育旅游的发展提供支持与指引。2008 年,北京奥运会的成功举办使中国引起了世界的瞩目,这也为我国体育旅游的发展提供了重要的契机,如吸引了很多国外游客,社会各界对体育旅游的认识有所提升,学界关注并研究体育旅游的热点问题,这些都促进了我国体育旅游的发展。

(三)2009 年至今:快速发展阶段

我国成功举办北京奥运会后,随着改革开放政策的进一步实施,所取得的成果越来越多,也越来越显著,如市场经济体制不断完善、人民生活条件显著改善等。随着生活水平的提升,人们的物质需求得到满足后,开始追求精神层面的享受,因此旅游消费的需求不断增加,当然也包括对体育旅游的

需求。随着体育旅游市场开发力度的增加,体育旅游的发展逐渐呈现出规范化、商业化、多元化、融合化等特征,这样的体育旅游在体育产业中居于重要地位,甚至成为体育产业的支柱,这一时期体育旅游处于优化发展阶段。

2014 年,国家出台《国务院关于加快发展体育产业促进体育消费的若干意见》,提出要推动体育旅游的健康快速发展。今后,随着社会经济的迅速发展、大众健身旅游需求的不断增加以及政府的大力支持,体育旅游必将迎来发展的春天,并成为推动我国体育产业发展的重要支柱与载体。

三、我国体育旅游发展取得的成果

下面从理论与实践两个方面来分析改革开放以来我国体育旅游发展所取得的成果。

(一)理论成果

改革开放以来,我国体育旅游发展所取得的理论成果如图 2-1 所示。

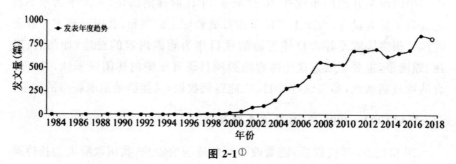

图 2-1①

注:数据源于中国知网

近年来,我国学者对体育旅游的理论研究越来越重视,并发表了大量的论文,这些论文就是体育旅游理论发展成果的重要体现。图 2-1 显示,近些年中国知网上刊登的关于体育旅游的论文数量总体上呈现出增长趋势。1978—1991 年,我国体育旅游处于探索起步阶段,这一期间学者对体育旅游研究的认识不足,因此研究成果极少。1992—2008 年,我国体育旅游处于缓慢发展阶段,体育旅游研究开始受到重视,这方面的发文量明显比前一阶段有所提升,呈现出"井喷式"增长的趋势。2009—2018 年期间,虽然我

---

① 刘依兵,史曙生.改革开放 40 年我国体育旅游发展回顾与展望[J].山东体育科技,2019,41(04):22-25.

国体育旅游发展步伐加快,但学界关于体育旅游的发文量没有像前一阶段一样继续保持持续增长趋势,反而出现了"波折",这与市场经济体制环境的变化、体育旅游发展重实践轻理论、学者研究水平有限等因素有关。

　　总体来看,改革开放以来我国学者发表了大量有关体育旅游的研究成果,这些成果提升了社会各界对体育旅游的认识水平,也对体育旅游实践发展具有重要的指导意义。未来随着体育旅游的发展及理论研究水平的提升,我国体育旅游理论研究将在数量及广度与深度上有新的突破。

(二)实践成果

　　改革开放以来,我国社会经济环境不断优化与改善,人民生活水平显著提升,居民可支配的收入较之前有了大幅增加。正因如此,我国体育旅游的发展才有了经济支撑,再加上政府在政策层面的扶持以及我国对其他国家先进经验的积极借鉴,使得我国体育旅游发展取得了良好的实践成果。

　　下面具体从两个方面来分析我国体育旅游自改革开放以来取得的实践发展成果。

1.体育旅游促进经济增长

　　改革开放以来,我国体育旅游发展在促进经济增长方面发挥了非常重要的作用,在一些地区,体育旅游甚至成为当地的支柱产业。例如,河北崇礼县因滑雪体育旅游项目而闻名全国,体育旅游等服务业总产值在河北崇礼县 GDP 中所占的比例超过 30%,体育旅游等服务业的发展也使当地一部分人口的就业问题得到了解决。再如,江苏省宿迁市因生态体育而闻名,有关部门将当地的优势生态水域资源(骆马湖等)充分利用起来,举办水上体育赛事,如游泳比赛、皮划艇比赛等,随着赛事规模的扩大与赛事的不断推广,骆马湖逐渐成为宿迁市非常具有代表性的一张名片。总之,作为新兴产业的体育旅游在推动地方经济增长上做出了巨大的贡献。

2.体育旅游产品结构不断优化

　　近年来,随着以体育为主题的旅游活动的兴起,大量的旅游爱好者逐渐从单一的观光游转向以健身、休闲、娱乐、体验等为主要目的的体育旅游。目前,多样化的体育旅游产品体系(如户外运动、山地越野、沙漠探险、水上运动、冰雪运动、民族民间特色项目、体育赛事表演等的有机结合)在我国已经初步形成。各地区对自身的优势自然资源深入开发与充分利用,打造了大量独具地方特色的体育旅游产品,如东北地区的冰雪体育旅游、东部沿海地区的水上体育旅游、西北地区的户外探险体育旅游、西南地区的民间体育旅游等。特色鲜明的体育旅游产品有力推动了我国体育旅游的进一步发展,也促进了新时期我国体育产业结构的优化升级,对体育产业的整体发展起到了重要的推动作用。

第二节 国外体育旅游的发展现状分析

一、国外体育旅游发展的总体情况分析

体育旅游具有独特而鲜明的运动体验特征,它能够满足现代人对健康生活和刺激体验的深度追求,这是其他旅游形式所不具备的。正因如此,体育旅游才能在全球快速发展起来。据欧洲一份关于体育旅游的调查报告称,2004 年全球旅游市场中体育旅游所占的比例为 11%,创造了约 500 亿美元的经济价值。到 2020 年,旅游业会占到全球 GDP 的 13%。在欧洲一些国家的整体旅游收入中,体育旅游收入占到 30% 的比例,体育旅游迎来了黄金发展期。[①]

据国际体育旅游协会的一份报告称:1994 年,世界旅游收入中体育旅游收入所占的比例为 26%,与体育旅游相关的旅游日程达到 41%。有关资料表明,2008 年世界旅游业产生的相关经济活动价值大约达 8 亿美元,到 2018 年世界旅游收入超过 10 000 亿美元,而旅游业中发展最快的部分就是体育旅游。[②]

体育旅游有参与型与观赏型之分,参与型体育旅游在欧美等旅游发达国家十分流行,已成为炙手可热的时尚旅游形式。欧美发达国家不仅参与型体育旅游发展良好,观赏型体育旅游市场也很广阔,这主要得益于欧美国家在举办世界重大体育比赛上具有明显的优势,而且欧美体育发达国家的联赛市场开发体系也比较成熟,这就为观赏型体育旅游的发展提供了良好的环境。

总体而言,欧美发达国家体育旅游发展时间较长,发展到现在已经达到一定的成熟水平,具体表现为体育旅游市场规模巨大,体育旅游业经营管理体系不断趋于完善,而且对体育旅游资源的持续利用给体育旅游业的发展带来了非常可观的经济效益,也给欧美国家带来了良好的社会效益。

---

① 李俊洪.国外体育旅游探析[J].科技视界,2016(25):290.
② 同上.

二、国外体育旅游发展的个案

(一)美国体育旅游发展现状

美国旅游业和职业体育的发展历史悠久,而且发展速度快,发展水平高,美国一些职业联赛的赛季较长,在全球都有很大的影响力,成熟的职业联赛体系对美国体育旅游的发展起到了巨大的推动作用。美国体育旅游的发展不仅体现在职业赛事上,还体现在业余体育方面,如规模较大的马拉松比赛、大学生篮球比赛等赛事对观众的吸引力很强,现场观看的观众数量庞大。美国国家公园和国家森林以其丰富的资源与优美的环境为人们的户外活动提供了良好的场所,人们可以在这些场所钓鱼、组织野营活动等。美国国家公园经常举办一些休闲旅游活动,活动内容有钓鱼、打猎、徒步、野营等,参与这些活动的人非常多。相关数据表示,2014 年在美国公园参加休闲旅游活动的人有 29 280 万人。①

美国体育旅游的发展不仅有体育赛事的推动,有良好的体育活动环境,还有相关服务行业的支持。例如,美国的运动酒吧非常多,体育爱好者聚集在酒吧观看比赛,相互交流,酒吧提供和体育赛事有关的信息,并完善相关服务,吸引了大量的顾客。

美国在体育旅游组织管理方面也积累了丰富的经验,美国的一些非盈利体育组织如运动委员联合会、体育运动委员会等为体育旅游的发展提供重要的方针指引与规划建议,这些组织还利用现代信息技术为广大体育爱好者提供服务。www.visittheusa.com 是美国一个非常著名的网站平台,这个网站上有专门报道体育旅游新闻的一个版块,体育旅游爱好者可以在这个网站上找到体育旅游的相关信息。美国非常清楚要开发体育旅游市场应该从哪里切入,所以他们在体育旅游市场营销管理中非常重视对本地优势体育项目的旅游价值的挖掘与利用。

美国体育旅游的发展水平在世界体育旅游中位居前列,美国体育旅游的发展对解决美国人口的就业问题做出了巨大的贡献,而且产业贡献值非常高。美国在开发体育旅游项目方面贯彻持续性、效益性原则,并重视优化配置各种形式的体育旅游资源,再加上市场需求大,因此美国体育旅游能够迅速发展。美国有很大一部分人口是中产阶级,他们有很高的经济收入和

---

① 陈诚.国内外体育旅游发展现状及启示[J].体育世界(学术版),2018(06):48-49.

较多的休闲时间,而且思想观念先进,这为他们参加体育旅游提供了良好的条件及思想保障。美国文化也提倡人们多运动,多亲近大自然,保持身心健康,这为户外体育旅游的发展提供了良好的氛围与环境。此外,美国旅游行业的经营管理体系较为完善,有较高的接待能力,服务水平一流,而且有政策的支持,所以行业主体有条件开创各类有效的营销方式来扩大市场,开发特色旅游产品,为消费者提供多元化、高质量的服务。

(二)法国体育旅游发展现状

在世界体育旅游的发展中,法国是走在前列的,法国体育旅游发展规模很大,法国参加体育旅游活动的游客非常多,而且外国游客甚至超过法国人口数量,法国每年接待的国外游客的数量在全球都是数一数二的。此外,法国人也会走出国门外出参加体育旅游,这是法国人的一种生活时尚。

法国拥有非常丰富的体育旅游资源,几乎每年都会举办大型体育赛事,这些都为法国体育旅游的发展提供了良好的条件。此外,法国政府很重视可持续发展,倡导体育旅游的可持续发展,法国还全面普及体育教育,再加上法国本身就具有庞大的旅游消费市场以及本土体育明星对体育旅游的宣传推广,所以法国体育旅游能够繁荣发展,走在世界前列。

(三)澳大利亚体育旅游发展现状

体育旅游在澳大利亚是很受政府重视的。21世纪初,澳大利亚出台了关于发展本国体育旅游的重要战略——"全国体育旅游的发展战略",这是由澳大利亚的体育部门与旅游部门联合出台的战略。这一战略的主要内容包括对本国体育旅游发展背景的分析、对国际国内体育旅游市场的分析、对本国体育旅游发展策略及实施的研究等,其中具体的发展策略是该战略的核心内容。在发展策略中提出的具有重要影响力的策略包括教育培训、科研及合作与交流。

总之,澳大利亚政府对旅游经济的发展潜力非常看重,认为体育与旅游是相互促进的,而且体育旅游作为一种特殊的旅游形式是有很大发展潜力的,因此政府在方针政策、资金设施等方面给予了体育旅游以很大的支持。

(四)瑞士体育旅游发展现状

瑞士体育旅游的发展水平在全世界处于遥遥领先的地位,瑞士的冰雪旅游资源非常丰富,瑞士也被称为是"冰雪圣地"。瑞士在体育旅游市场中最先开发的项目是登山和滑雪。为了进一步推动以登山、滑雪为代表的体育旅游的快速发展,瑞士大力修建高山铁路、公路、缆车道等旅游设施,并从多方面对登山旅游、滑雪旅游的发展给予扶持,在政府的支持下,登山、滑雪等旅游项目在瑞士体育旅游业中的地位越来越稳固。

第三节 我国体育旅游的发展现状分析

一、我国不同地区体育旅游发展现状分析

下面主要以我国经济地区分布的特点为依据来分析各地区体育旅游的发展情况。

(一)东部沿海地区体育旅游发展现状

东部沿海地区和中部内陆、西部偏远地区相比,经济最为发达,而且相比较而言,东部沿海地区的人口较多,交通便利,这些天然优势对东部沿海地区体育旅游的发展具有重要意义。在经济发达的东部沿海地区,因为有良好的经济条件,所以体育基础设施相对比较完善,这为体育赛事的举办提供了资金支持与物质保障。此外,因为东部地区经济发展水平高,所以很多高科技人才被吸引至此,再加上东部沿海地区教育资源好、教育水平高,所以该地区人们的旅游认知水平也相对较高,形成了较强的旅游意识和开放先进的旅游观念。通过以上这些分析也能解释为什么我国大部分职业俱乐部都出现在经济发达的东部沿海地区。经济发达地区经常举办体育赛事,去现场观看赛事的观众很多,因为这一地区居民的经济收入水平较高,消费观念先进,健身意识较强,再加上体育爱好者对体育赛事充满热情,所以东部沿海地区体育旅游市场广阔,发展体育旅游具有很多优势与成熟的条件。

(二)中部内陆地区体育旅游发展现状

和东部沿海地区相比,中部内陆地区的经济发展水平不够高,而且中部地区体育旅游发展时间还不够长。但总体来看,中部体育旅游发展稳定、趋势良好。中部内陆地区拥有十分丰富的体育旅游资源,如山景资源有五台山、黄山、庐山等,水景资源有洞庭湖、葛洲坝、三峡水库等。地方政府十分重视发展旅游业,不断出台相关政策为旅游业的发展提供引导,同时强调在发展旅游业的过程中要保护自然环境,这对体育旅游业的可持续发展具有重要意义。此外,中部地区在对产业结构进行调整的过程中,优先发展旅游业,重点扶持与培育体育旅游业。中部内陆地区发展体育旅游也是有优势

的,除了本身位于长江和黄河中游外,东、南、西、北四周都邻近体育旅游经济圈,因此有利于对体育旅游的推广。

中部内陆地区体育旅游发展目前存在的主要问题是人们的体育旅游意识较弱、缺乏完善的体育旅游设施、消费市场不够广阔、较少举办规模大且影响广的体育赛事、地区特色不鲜明、缺乏竞争力等。

(三)西部偏远地区体育旅游发展现状

西部偏远地区经济发展缓慢,缺乏丰富的体育场地设施资源,而且居民旅游意识薄弱,消费水平较低,该地区对人才的吸引力也较弱,种种原因导致该地区体育旅游的发展落后于中部与东部地区。

然而,西部偏远地区发展体育旅游也是有优势的,如西部地区有丰富的土地资源,有优美的自然风光,有丰富多彩且特色鲜明的民族体育项目,这些都为西部地区体育旅游市场的开发提供了重要条件。西部地区在发展体育旅游业方面应充分发挥自身的优势,重点开发民族传统体育旅游项目,在发挥优势的基础上也要解决主要问题,如加强体育旅游设施建设、引进人才等。

二、我国体育旅游发展存在的问题

下面主要分析当前我国体育旅游发展中存在的主要问题。

(一)体育旅游政策法规较少

我国体育旅游起步晚,相关法律法规不健全,自2009年起,国家专门针对体育旅游的发展出台了多项法规,如《关于加快发展体育旅游的意见(2009)》《中华人民共和国旅游法(2012)》《国民旅游休闲纲要(2013—2020)》等,这些法规的颁布在一定程度上解决了体育旅游面临的各种社会问题。但体育旅游相关法制建设依然不健全,存在多头管理、优惠扶持政策落实不到位等问题,而且体育旅游资源开发、体育旅游专业人才培训、体育旅游市场监管等都缺乏相关政策的正确引导。

(二)体育旅游硬件设施不完善

对于接待大量体育旅游者的旅游地来说,必须具备最基本的物质条件,即拥有完善的体育旅游设施。体育旅游设施包括旅游交通工具和设备、旅游宾馆、旅游饭店、供应旅游商品的商店、供旅游者运动和娱乐的设施以及满足旅游者不同需要和爱好的各种设施等。① 例如,开发滑雪旅游项目,必须具备滑雪板、缆车、滑雪服装和急救设备等;开发水上运动旅游项目,必须具备划水板、划艇、救生艇、摩托艇、急救车等设施,这些都是接待游客的必备条件。体育旅游市场开发在一定程度上反映了体育旅游设施是否齐全、服务是否周到,设施齐全、服务周到是体育旅游市场发展的硬件条件,但目前来看,我国在这方面远不及西方旅游发达国家。

(三)体育旅游资源开发利用水平低

我国体育旅游的发展还处于初级水平,规模较小,没有开发的体育旅游资源还有很多,目前已开发的体育旅游项目较为单一,生命周期短,而且体育旅游资源本来就有限,再加上没有充分利用,所以开发利用程度较弱。同时,很多体育旅游经营者向市场推出高档次、高规格、高价位的"三高"体育旅游产品,市场定位不准确,存在明显贵族化倾向,没有认识到工薪阶层与学生在我国体育旅游市场中的重要性,没有形成面向这些群体服务的经营理念。此外,我国体育旅行社少,也缺乏体育旅游专业人才和品牌号召力强的体育旅游产品,这些也对我国体育旅游的发展造成了制约。

(四)缺乏健全的体育旅游保障体系

这里的保障体系主要指的是风险防控体系。体育旅游与其他旅游产品不同,它同时受自然风险与人为风险的影响。目前,我国体育旅游风险防控综合治理工作尚有缺陷,缺乏强大的技术力量支撑,风险预警与应急措施不完善,信息报告制度不健全,尤其是刺激类体育旅游项目如漂流、蹦极、探险等易发生事故,出现人身伤害,再加上缺乏管理法规和管理措施,相应的保障体系不健全,客观上对消费者的参与积极性造成了影响。

(五)体育旅游发展中矛盾重重

我国体育旅游发展中存在以下矛盾。

1.大众化消费与公共服务不完善及私人服务缺位之间的矛盾

我国很多地区的公共服务设施不健全,服务不到位,导致很多体育旅游景点或者体育赛事不能为广大消费者提供相关运行信息,不能满足大众了解项目流程与服务内容的需求。同时,体育旅游的私人服务处于缺失状态,

---

① 刘冬梅,姜洋,王志博.我国体育旅游可持续发展研究[J].哈尔滨体育学院学报,2019,37(04):70-73.

官网上一票难求的现象经常出现。

2.消费者个性化服务需求与供给不足的矛盾

随着大众消费水平的提高,消费者对个性化服务的需求越来越多,但是很多地区还很难做到专人定制。这反映了体育旅游产业链不健全的问题,产品比较低端,难以满足大众需求。个性化定制需要高端的体育旅游人才根据消费者的需求运用互联网、云计算、大数据等先进手段而量身定制,我国缺乏这方面的人才,而且现代信息技术在体育旅游领域的应用还不够普遍,所以这一矛盾很难在短期内解决。

3.体育旅游地域化与竞争国际化之间的矛盾

在经济全球化背景下,体育旅游全球化发展已成为必然趋势,但是我国部分地区还停留在地区化竞争阶段,不能着眼于世界。现在一些国家已经开始出台一些优惠政策来争夺全球旅游市场,如泰国、马来西亚吸引了很多中国人去潜水、考证。这些国家着眼于世界对体育旅游资源进行无地域化整合,而我国体育旅游还在单兵作战,与科技、文化等未能充分融合,导致缺乏国际竞争力。

三、我国体育旅游发展建议

随着时代的进步与旅游业的不断发展,人们对体育旅游有了越来越全面且深入的认识。在休闲时代和体验经济背景下,体育旅游迎来了发展的春天。体育旅游既能强身健体、放松身心,又能陶冶情操,这与现代人的健康理念及休闲理念非常吻合。调查显示,我国旅游者中以休闲健身为目的的旅游者大约占到一半之多,体育旅游在我国旅游业中所占的市场份额正在不断扩大,发展空间广阔,发展前景光明。我国将会有越来越多的人参与体育旅游,体育旅游的时代终将到来。

目前,我国正在对经济结构进行调整,对供给侧结构改革积极推进,在经济改革与调整产业结构方面,体育旅游也发挥着重要的作用。为了进一步推动我国体育旅游的发展,下面主要针对当前我国体育旅游发展中存在的问题提出一些可行性建议。

(一)面向新时代明确体育旅游的发展思路与目标

新时期我国体育旅游的发展应以党的十九大精神为指引,满足新时期人民群众日益增长的体育旅游消费需求。体育旅游发展和创新所取得的成果由人民群众共享,体育旅游在实现小康社会建设目标、健康中国建设目标方面发挥着积极的作用,也为体育强国建设奠定了坚实的基础。根据我国2020年全面建成小康社会、《"健康中国2030"规划纲要》和社会主义现代化建设总体规划要求,我国体育旅游的发展实行"三步走"战略,在不同阶段要实现不同的发展目标,具体分析如下。

1.第一阶段(现在到2020年)

目前,我国体育旅游发展中存在着体育旅游产品开发不充分、不平衡与日益增长的人民群众的需求之间的矛盾。这一阶段我国要重点解决这一矛盾,并实现以下发展目标。

(1)完善与小康社会相适应的产品体系,促进产品体系多样化,基本满足不同人群的消费需求。

(2)体育旅游需求进一步提升,选择体育旅游人数明显增多,体育旅游消费稳步上涨。

(3)体育旅游服务质量明显改善。

(4)运营方式创新升级,市场秩序明显好转。

(5)基本形成体育旅游品牌体系,社会形象明显改善,人民群众认识及接受程度明显提升。

2.第二阶段(2021—2035年)

这是我国实施《"健康中国2030"规划纲要》的决胜时期,也是纲要实施取得成果的重要时期。体育旅游作为人类特有的社会活动,拥有健身、休闲功能,这使得其在实现健康中国战略目标中起到不可替代的作用。这一时期体育旅游的发展要实现以下目标。

(1)产品更加多样,完全适应不同群众的体育旅游需要。

(2)体育旅游与生态环境保护协调发展,生态化体育旅游的综合影响力提升。

(3)体育旅游蔚然成风,选择体育旅游的人数比例明显提高,公民的身体综合素质显著提高。

3.第三阶段(2036年—21世纪中叶)

第三阶段我国体育旅游发展要努力实现以下目标。

(1)体育旅游实现智慧化服务覆盖,体育旅游产品满足不同人群需求,完全实现精准化供给。

(2)体育旅游与经济社会融合发展。

(3)体育旅游与生态环境保护高度融合发展,体育旅游成为人们的生活方式,生态体育旅游社会认可度高,体育旅游的质量、效益、市场规模达到发达国家水平。

(4)体育旅游的中国标准、中国方案、中国理念、中国智慧成为世界体育产业发展的旗帜。

(二)加大对体育旅游的宣传力度

体育旅游宣传工作的开展情况在一定程度上决定了体育旅游能否作为独立产业而发展。对此,有关部门必须提升对体育旅游的宣传力度,为使更多的人更深入地认识体育旅游而提供正确的舆论导向,提高人们的体育旅游意识,并刺激消费需求的产生,使人们自觉为体育旅游而消费。旅游部门要不断完善宣传手段,将多种宣传方式有机结合起来使用,扩大宣传的覆盖面、提升宣传的影响力,最终取得良好的宣传效果。

(三)加强体育旅游基础设施建设

世界上体育旅游发展迅速、发展水平高的国家往往都有相对完善的配套设施,人们可以在良好的环境下参与旅游活动。我国体育旅游基础设施不完善的问题严重制约了体育旅游的发展。对此,旅游地应加大旅游基础设施建设,开发新设施,并加强对现有设施的监管,提高设施的利用率,使旅游者获得更好的体验。

(四)培养体育旅游专业人才

体育旅游本身具有很强的专业性,一些惊险刺激的体育旅游项目危险性极高,因此对相关服务设施的科技含量提出了较高的要求,同时对服务人员及管理人员的专业水平提出了一定的要求。但现阶段我国体育旅游专业人才严重短缺,全国高校中只有少数开设了体育旅游专业,而且开设这一专业的高校在体育旅游专业人才培养中还存在着培养目标不明确、培养规格较低、不符合体育旅游市场需求等问题,因此对人才培养质量及体育旅游的发展造成了严重的制约。对此,我国必须高度重视对体育旅游专业人才的培养,鼓励有条件的高校或体育旅游发展较好地区的高校开设体育旅游专业,培养高素质的专业人才,从而为我国体育旅游市场开发注入新鲜的血液,提高我国体育旅游的专业化水平。

(五)推进体育旅游与生态体育的深度融合

我们在发展体育事业的同时,要与大自然和谐共处,同生共存,不能以破坏生态环境为代价而谋求体育的发展,这就是生态体育的发展理念。生态体育倡导走可持续发展之路,在不违背自然规律、破坏生态平衡的前提下开展体育旅游活动。

我国发展体育旅游事业应与生态体育相融合,合理调整旅游产业结构体系,开发环保、绿色的体育旅游产品,搞好低碳体育旅游。这对于体育旅游的可持续发展以及全面建设小康社会、推动健康中国建设具有重要意义。

(六)尽快出台体育旅游发展规范标准

要推动体育旅游在新时期的进一步发展,就必须加快出台体育旅游发展的相关规范标准,也就是要搞好体育旅游的规范化建设,尤其要针对野外探险、潜水、热气球等危险性较高的户外体育旅游项目而建设规范标准,提高这些体育旅游活动开展的规范性与安全性。出台体育旅游发展规范标准是促进我国体育旅游持续健康发展的重要举措,而针对高危旅游项目建立完善技术安全规范标准体系是实施这一举措的重点所在。

(七)加强管理,提供积极的产业导向

建立并完善体育旅游管理系统,营造井然有序的体育旅游大环境是开发体育旅游市场、推动体育旅游可持续发展的关键。因此,有关部门应深入研究世贸组织服务行业中有关旅游的规则,然后结合国情尽快针对不同的体育旅游类型而制订准则,推动我国体育旅游与世界旅游的有机结合。在体育旅游产品生产经营的整个过程中,我国必须严格采用法律手段来加强监管,从而有效调整与规范生产者、服务者、经营者的行为。对于在体育旅游业务方面做得较好的旅行社,国家应重点予以扶持,如提供政策方针指引、提供资金与设施支持,同时还要发挥政府的宏观调控职能,优化体育旅游市场环境,营造良好的市场氛围。

(八)加强相关部门间的合作

发展体育旅游既涉及旅游相关部门,又涉及体育相关部门,只有相关部门协调配合,才能整体提高体育旅游的发展效益。此外,作为一种特殊的旅游形式,体育旅游对运动场地、基础器材、安全设施等基础条件提出了较高的要求,所以在开发体育旅游项目时要将安全作为首要考虑的因素。鉴于体育旅游的特殊性,在开发体育旅游市场时要打破传统的部门条块分割,促进相关部门的互动交融,多部门协同配合,共同努力将体育旅游业推向更高的台阶。

(九)建立完备的体育旅游产业体系

要推动我国体育旅游的持续健康发展,使体育旅游与社会经济的融合成为现实,还需要建立与完善体育旅游产业体系,具体要从以下三个方面来落实。

(1)基础层:主要是加强体育旅游硬件设施建设。

(2)核心层:做好"吃、住、行、游、娱、购"等核心环节的工作。

(3)配套层:建立健全相关政策法规和保障体系,培养体育旅游专业人才,加强与相关服务部门(保险、营销等)的互动配合。

第三章 体育旅游市场要素
分析及开发研究

体育旅游市场涉及多方面的要素,对这些要素进行细致的研究与分析,能帮助体育旅游企业更好地认清市场发展的形势和前景,从而制订具有针对性的市场发展策略。本章就重点分析体育旅游市场的各项要素,并对体育旅游市场的开发与管理等层面的内容进行深入细致的研究与分析。

第一节 体育旅游市场要素概述

随着社会经济以及体育运动的不断发展,体育市场日益兴盛,在人们生活水平日益提高的背景下,他们有了多余的资金和余暇时间去参与各种各样的活动,包括体育旅游活动。在这样的背景下,体育旅游市场也成为新兴的市场力量,有着广阔的发展前景。

一、体育旅游市场的概念与特征

(一)体育旅游市场的概念

随着现代社会的不断发展,爱好旅游的人越来越多,旅游成为一种时尚的活动。在各种旅游活动中,体育旅游作为旅游市场的一种新产品,日益受到人们的青睐。体育旅游可以说是体育产业与旅游产业交叉渗透而产生的一种新领域,其含义有广义和狭义之分。

广义的体育旅游市场不仅包括消费者单纯的体育旅游需求,还包括纪念品、住宿、交通、保险、信息等需求。

狭义的体育旅游市场是指对体育旅游有直接需要或欲望的全部消费者,这里所谓的对体育的直接需要是指消费者有各种不同的体育需求,如体育锻炼、体育娱乐等,人们可以通过参加各种各样的体育活动来获得满足。

随着当前市场经济的不断发展与完善,体育产业市场的前景逐渐明朗,在这样的背景下,体育旅游市场也应运而生,体育旅游市场的范围不断扩大,逐渐形成了一个庞大的体育旅游产业,成为国民经济新的增长点,对于国民经济的发展具有重要的促进作用。

体育旅游市场是体育市场与旅游市场的集合体,它将消费者的旅游观光与体育健身、娱乐等充分结合起来,能使消费者获得不同的服务与心理感受,深受人们的欢迎和喜爱。

(二)体育旅游市场的特征

1.体育旅游需求的整体性特征

体育旅游市场的一个重要特征就是体育旅游需求的整体性,这一特征主要是指消费者对体育旅游产品或服务的各种要求。

人们对体育旅游的需求主要表现在生理需要、安全需要以及心理享受等几个方面。因此,管理者在设计体育旅游产品时一定要做好充分的调查,设计出复合型的体育旅游产品,以充分满足不同体育旅游爱好者的需求。

2.体育旅游需求的指向性特征

体育旅游需求的指向性特征是指人们的体育旅游都有特定的目的和动机,其主要含义表现在以下两个方面。

一方面是指体育旅游消费者为满足自身的体育旅游需求,必须要去目的地参与各种消费。

另一方面是指体育旅游消费者要依据自己的爱好和特点参与各种体育旅游产品或服务的消费,以满足自己的个性化需求。体育旅游消费者往往根据自己的兴趣和爱好自由选择特定的体育旅游产品。

因此,体育旅游经营者在设计体育旅游产品时一定要做好充分的调查,力争设计出深受各类人群喜爱的产品或提供独特的旅游服务。

3.体育旅游需求的季节性特征

体育旅游需求具有一定的季节性特征,这一特征是指相对一个旅游目的地而言的年度内接待旅游人次在季节上分布的不平衡性,从而导致出现旅游旺季、平季和淡季的差别。体育旅游经营者一定要充分认清这一特征,采取有针对性的措施和手段应对各个季节中体育旅游市场产品的开发。

4.体育旅游产品的不可转移性特征

与一般的产品消费不同,旅游者在购买体育旅游产品或享受体育旅游服务后,得到的是一种"接受服务"与"旅游经历"的满足感,而不是获得旅游产品的所有权。在体育旅游活动中,发生空间转移的是购买旅游产品的主体——旅游者,而不是旅游产品。体育旅游产品的不可转移性说明它的流通是以其信息传播以及由此而引起的旅游者的流动表现出来的,而不是以物流形式体现出来的。体育旅游产品具有传播时效快的特点,能对旅游者形成较大的刺激,其价值和意义重大。作为体育旅游从业者,一定要重视体育旅游产品的促销,建立一个有效的促销系统,不断提升体育旅游产业的经济效益,这对于体育产业以及国民经济的发展都具有重要的意义。

二、体育旅游市场的细分

体育旅游市场细分是指体育旅游企业对体育旅游消费者进行分析,将属于某一整体客源市场的旅游者,按一种或几种因素进行分类,并形成不同特点的各个子市场的活动。[①]

(一)体育旅游市场细分的作用

1.便于确定企业经营总方针

确立良好的经营总方针对于某一个企业的生存与发展至关重要。对于体育旅游企业而言,确立经营总方针时需要考虑以下问题,即企业提供什么产品或服务? 企业的服务标准是什么? 企业的市场发展目标是什么?

对于某一家企业而言,企业经营总方针是所有经营决策的基础,一切活动都要围绕这一目标进行。体育旅游市场中企业产品生产和服务方向的确定是接下来进行科学市场细分的重要基础。

2.有利于寻找市场机会

体育旅游业是一个新兴产业,有着广阔的发展前景,每一个企业都想在市场中站稳脚跟,提高市场竞争力。对此,企业必须要做好市场细分,这样才能更好地把握市场机会,抢占市场竞争优势。

在体育旅游市场发展的过程中,整个市场并不是一成不变的,而是处于动态的发展变化中。具体来说,消费者的需求是不断变化的,在不同的时期会表现出不同的特点。对于企业来说,只要能够准确地预知消费者未来市场需求,就能提前把握市场竞争机会。

---

① 柳伯力,陶宇平.体育旅游概论[M].北京:人民体育出版社,2003.

对于体育旅游企业而言,如果能及早发现体育旅游市场方向的变化,就能在体育旅游市场竞争中提前准备好相应的体育旅游产品和服务,并做好体育旅游市场宣传,从而赢得更多的消费者市场,也就自然能提高体育旅游产业的市场竞争优势。但需要注意的是,某一方面有优势,并不是绝对优势,这需要体育旅游企业做好准确的市场判断,不能盲目入市,否则就会影响企业的发展前景。

3.有利于制订市场策略

现阶段,体育旅游市场已经从卖方市场转为买方市场,对于这种转变,体育旅游企业要熟知自己在市场竞争中的优势和劣势,以细分市场为导向,科学决策。

发展到现在,在体育旅游产业大力发展的背景下,体育旅游市场的竞争越来越激烈。在这种市场环境下,体育旅游企业通过市场细分可以发现目标群体的需求特点,从而依据目标市场需求调整产品和服务的内容、结构、方向等,以满足细分市场需求,同时提高经营效益。

(二)体育旅游市场细分的要求

1.可衡量性

在进行体育旅游市场细分的过程中,体育旅游企业必须要充分认识到,体育旅游者或者旅游目标群体的个性都是不同的,他们有着不同的产品偏好和需求,而这些特征和喜好是可以通过调查测量获得的,这能为体育旅游市场细分提供重要的依据。

2.适度规模

体育旅游经营企业要通过各种手段与方法找准自己的细分市场,然后进行规划与开发。一个细分市场是否具有经营价值,主要取决于这个市场的规模、消费水平以及体育旅游企业的经营能力。总体来说,一个细分市场是否具有开发价值与该细分市场的规模有着直接的关系。细分市场不能过大,也不能过小。规模过大不利于企业集中开展经营活动,规模过小则难以发挥企业的资源优势。

3.发展潜力

体育旅游企业的可持续发展需要将眼前利益和长远利益结合起来,不能只图一时的利益而忽略了长远的发展。因此,体育旅游业在市场细分时,必须考虑所选择的细分市场的状态以及需求发展阶段。如果所选择的细分市场已发展成熟，不具有长期发展潜力，就需要谨慎选择，否则对自身的长远发展是不利的。

(三)体育旅游市场细分的程序

1.确定企业的市场经营范围

一个体育旅游企业在市场竞争中要想站稳脚跟，首先要确定企业的经营领域与经营战略目标，其次要结合企业的经营领域和目标确定市场经营范围。

企业经营范围具体是指企业的产品和服务所服务的消费者群体范围，在选定企业经营范围时，体育旅游企业可围绕自身经营的市场范围进行市场细分，分析消费者的爱好及具体情况，制订市场开发的方案或策略。

2.确定市场细分因素与标准

确定市场细分的因素并进行细致的分析是体育旅游市场细分的重要程序之一，也是体育旅游企业进行市场细分的重要前提。在确定体育旅游市场细分因素与标准时，企业应通过各种途径和手段充分了解和分析不同体育旅游项目的需求特征，在此基础上确定细分标准。

3.确定所选细分市场的名称

在进行体育旅游市场细分的过程中，可根据各个细分市场的体育旅游需求的典型特征，利用形象化的语言确定细分市场名称，抓住细分市场的主要特点，制订体育旅游市场的经营策略。

4.分析细分市场的经营机会

体育旅游经营者要充分分析所有细分市场以及经营的机会如何。这一目的在于判断细分市场是否具有经营价值，能否为企业创造一定的经济利益。通常情况下，细分市场的经营机会与其需求规模呈正比例关系，与竞争强度呈反比例关系，即需求规模越大，经营机会越大；竞争强度越弱，就越容易取得成功。

(四)体育旅游市场细分的标准

在体育旅游市场细分的过程中，要准确把握体育旅游消费者的体育旅游需求的差异性，在此基础上确定体育旅游市场的细分标准。当前，体育旅游市场细分的标准有地理标准、人口标准与心理行为标准三大类(图 3-1)。不同的体育旅游企业可根据自身经营目标、经营范围、经营规模等来确定细分的标准。

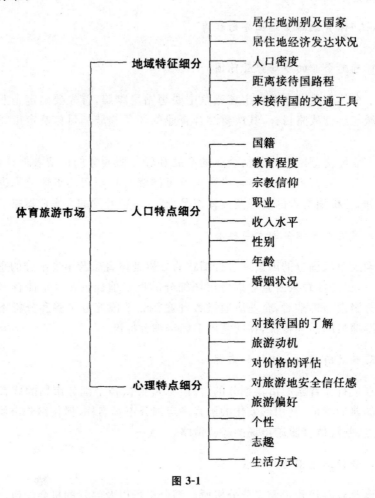

图 3-1

1. 地理标准

地理标准是指体育旅游企业根据地理因素对客源市场、目标消费者和潜在消费者进行划分的一种标准和形式。通常情况下,体育旅游企业会根据体育旅游者的国别、地区和城市,对消费者进行地理位置的区分,它具有以下几个方面的优点。

(1)有助于体育旅游企业更好地了解体育旅游消费者的特征与习惯。

(2)有助于体育旅游企业研究体育旅游消费者的需求特点,从而确定经营的方向,确定发展的目标。

（3）有利于体育旅游企业针对不同区域的体育旅游消费者的特点进行经营与营销。

2.人口标准

人是体育旅游市场的基本因素，因此根据人口特征对体育旅游市场进行细分，就是体育旅游市场细分的人口标准。

根据人口标准对体育旅游市场进行细分，应考虑人口的以下因素：总人口、人口自然状态、人口社会构成。要想了解体育旅游消费人口的体育旅游消费特征，可以从以下方面进行分析。

（1）性别因素

通过调查可以发现，性别是影响体育旅游消费人口的重要因素之一。其中，性别之间差异性较小的因素，最显著的就是经济、兴趣和安全顾虑这三种因素。缺乏时间因素方面，男性要比女性高一些，其他因素男性均低于女性。

（2）年龄因素

年龄是影响个体参与体育旅游的重要因素之一，不同年龄阶段的人参与体育旅游有着不同的需求。

对于7—18岁少年儿童来说，经济因素和时间因素是影响他们参与体育旅游的最主要因素，其次是不太了解体育旅游项目，兴趣这一因素影响最小。

对于18—25岁人群来说，兴趣则是影响其参与体育旅游的最小因素。这部分人群对社会充满了好奇，有强烈的探索欲望，喜欢和崇尚旅游，但受经济条件的限制，多数不能付诸实践。

对于26—45岁年龄段人群来说，在体育旅游方面，经济条件的限制以及没有时间这两种因素的影响最大。这部分人群通常已经承担起家庭责任，经济条件受到一定的制约，再加上其他事情的牵绊，没有时间和精力去参与体育旅游。

46以上的中老年人，身体素质逐渐呈下降趋势，金钱大都用于医疗，用于体育旅游活动的支出减少。

对于61—65岁这一年龄段人群来说，由于刚刚退休，因此时间因素已不是制约他们参与体育旅游的最主要因素，但这一时期部分体育旅游项目中的危险性影响着老年人参与体育旅游的热情。由于老年人都对体育旅游项目缺乏了解，因此缺少参与的积极性。

（3）文化因素

文化水平在一定程度上影响着人们参与体育旅游活动的热情。据调查发现,很多人不参加体育旅游的一个重要原因就是缺乏对体育旅游活动的了解,对于没有接受过高等教育的人群而言,这一影响因素非常重要。

（4）职业因素

不同职业人群受到的影响因素非常多,其中安全因素、经济因素、兴趣因素、时间因素等是最为主要的因素。据调查显示,经济状况和没时间是不同职业人群的体育旅游行为重要的影响因素。在其他因素中,农、工从业人员、学生及离退休人员对经济状况的选择率相对其他职业要高,而没时间这一因素则主要影响与运输设备相关的从业人员。待业人员除受经济状况和不了解这两个主要因素的影响外,没兴趣对其的影响也远远高于对其他从业人员的影响,待业人群迫切需要解决经济来源与生存问题,他们很难提起兴趣参加体育旅游活动。

（5）收入因素

据调查发现,有的家庭收入水平较低,这些人无法支付体育旅游活动的费用,因此也就无法积极地参与体育旅游活动,而对于家庭收入较高的人群而言则不存在这种情况。

总体来看,低收入家庭除了经济因素外,没有兴趣和安全顾虑也是仅次于经济条件的次要因素,这说明如果能够及时、全面地对体育旅游进行宣传,这类人群还是有参加体育旅游活动的兴趣的,并能抽出时间参加相关的活动。

3. 心理行为标准

每一名体育旅游消费者都有自身的特点和喜好,因此其体育旅游动机也存在着较大的差异。他们对于体育旅游产品（或服务）的爱好不同就可能会形成不同的体育旅游市场。

对于城乡居民而言,影响城乡居民体育旅游的两个重要因素是旅游兴趣和旅游安全。城乡居民并非对体育旅游无兴趣,而且在一定程度上体育旅游项目的危险性也不能成为影响他们参与体育旅游的主要客观因素。因此,从总体上看在影响城乡居民参与体育旅游的诸多客观因素中,不了解、经济限制和时间有限是最主要的因素。因此,结合城市居民特点,体育旅游经营企业在扩大市场范围的过程中,应重视城镇居民的体育旅游兴趣激发,加大热点、品牌、差异性宣传,针对具有危险性的体育活动内容应及时为体育旅游消费者提供安全信息,消除体育旅游消费者对体育旅游的安全顾虑。

作为体育旅游企业的管理者,要依据体育旅游消费者的心理行为标准细分市场,充分分析消费者的旅游动机、消费方式、消费频率、价格喜好等,确定各细分市场的营销策略,从而提高体育旅游企业的市场竞争力。

第二节 体育旅游市场要素的开发

一、体育旅游市场要素开发的理论基础

(一)区位理论

1. 区位理论概述

关注经济活动地理区位的理论,就是所谓的区位理论。这一理论主要是假设行为主体为自身的利益而活动,然后解决与经济活动有关的地理方位及形成原因各方面的问题。如果用地图来表示的话,需要在地图上描绘出各种经济活动主体与其他客体的位置,同时对此进行详细的说明,并探讨相关技术的可行性。在人文地理学中,理论内容非常丰富,实用性和应用的广泛性是其重要的特点与组成部分,这是区位理论形成的重要基础。

随着现代社会的不断发展,区位理论也日益完善,这一理论先后经历了古典区位理论、近代区位理论和现代区位理论三大发展阶段。其中,较有代表性的理论有:冯·杜能的农业区位理论、阿尔申尔德·韦伯的工业区位理论、瓦尔特·克里斯塔勒的中心地理论及奥古斯特·廖什的市场区位理论等。在体育旅游市场开发中,利用区位理论能为我们开发体育旅游资源提供重要的理论依据。

2. 区位理论在体育旅游中的应用

(1)旅游中心地的界定

根据区位理论,旅游中心地必定是拥有丰富的旅游资源和得天独厚的交通条件的地区,这是体育旅游市场发展的重要因素之一。体育旅游中心地选择的合理与否将直接关系到体育旅游市场发展的成败。

(2)旅游中心地的等级

确定体育旅游中心地之后,还要确定体育旅游中心地的等级,一般来说主要有两个等级:一个是高级旅游中心地(为较大市场范围提供旅游服务的中心吸引物),另一个是低级的旅游中心地(为较小范围提供旅游服务的中心吸引物)。体育旅游市场管理人员一定要经过充分的调查后,才能确定体

育旅游中心地的等级。

（二）增长极理论

1.增长极理论概述

增长极理论的出发点是区域经济发展不平衡的规律。在区域经济发展过程中，经济增长不会同时出现在所有地方，而总是在少数区位、条件优越的点上使其不断成为经济增长中心，通过发挥增长极的极化效应和扩散效应来对整个地区的经济发展起到积极的推动作用。

增长极对地区经济增长有着非常大的意义，这在区位经济、规模经济、外部经济这几个方面都有所体现。

2.增长极理论在体育旅游中的应用

从长期来看，增长极理论为体育旅游业的发展提供了重要的理论依据和支持，在这一理论的支持下，我们可以优先发展一部分地区的体育旅游产业，然后带动其他地区体育旅游产业的发展，这样能大大提高体育旅游市场发展的效率。

（三）可持续发展理论

1.可持续发展理论概述

可持续发展指的是既能满足当代人的需求，又不损害后代人满足其需要能力的发展。可持续发展理论非常重视环境与自然之间的关系，注重大自然的承载力以及社会发展对改善人们生活质量的重要性。总之，可持续发展重点强调两点：一是满足人类的各种需要，促进个人的发展；二是保护资源和生态环境，不对后人的生存和发展构成威胁。

2.可持续发展理论在体育旅游中的应用

在体育旅游市场开发与规划的过程中，相关工作人员一定要高度重视可持续发展理论，将其作为一个重要的工作准则，树立社会效益和生态环境效益共同发展的观念，走可持续发展之路。

二、体育旅游市场的开发与规划

在开发体育旅游市场的过程中，一定要结合市场的发展状况，遵循一定的步骤,制订相关的开发方案,按部就班地进行体育旅游市场的开发与建设。

(一)确定目标

体育旅游市场开发的一个主要目标是增加收入,获得一定的经济利益。体育旅游市场开发目标的确定可以利用以下方式进行。

(1)确定体育旅游市场的开发目标可以以资金实际需求为依据。政府相关部门会通过财政拨款的形式来支持体育旅游市场的开发与建设。

(2)在确定体育旅游市场开发目标时,首先要估算市场资源的总体价值,然后以此为依据进行下一步的工作。在估算市场资源的总体价值时,需要考虑以往体育旅游市场的开发情况、同类竞争者的市场发展情况等,这样才能做到心中有数。

在确立体育旅游市场开发目标时,要综合各方面的因素进行考虑。对于体育旅游业市场运作机构而言,现金是最为方便的收入形式,便于管理和使用。

(二)确立规则

在市场经济条件下,等价交换是最为常用的一个名词。在进行体育旅游市场开发的过程中,经营者要严格遵循"公开、公平、公正"的基本原则,在确定合理的开发目标后,制订相应的市场开发规则,这样才能保障体育旅游市场开发工作的顺利进行,从而实现既定的开发目标。

(三)制订方案

在体育旅游市场开发中,制订方案是一个重要的环节。制订的方案不仅包括开发总体计划,还包括各项工作的具体方案。

关于体育旅游市场开发的总体计划,主要包括以下几部分内容。

(1)确立体育旅游市场开发目标对象范围。

(2)制订销售预期目标。

(3)结合实际情况预算出市场开发的费用。

(4)制订体育旅游市场各项开发项目的工作要求。

(5)制订体育旅游市场的销售策略与销售方式。

(四)实施方案

体育旅游市场开发的实施方案就是在严格遵守市场规则的条件下,以市场开发方案为依据,有步骤、有计划地开展体育旅游市场开发工作。这一过程是体育旅游市场开发与规划最为重要的环节,决定着整体工作的成败,因此要引起高度重视。

体育旅游市场开发方案能否得以成功的实施,主要有以下两个重要的衡量标志,市场经营者可以将其作为主要的参考依据。

(1)体育旅游市场开发的收入,这是一个非常重要的指标。例如,有一些体育旅游产品或服务声势浩大,经营者通过宣传推广取得了良好的宣传效果,但最后发现没有取得多少收入,因此这一体育旅游市场的开发并不能算作成功的案例。

(2)体育旅游市场产品的开发对象是否感到满意,这也是一个常用的指标。以体育赛事旅游产品为例,购票观众、赞助商、转播媒体机构等是最为主要的开发对象,其收入就主要源于这些开发对象,倘若开发出的体育旅游产品无法使客户感到满意,就有可能出现各种纠纷事件,不利于开发活动的顺利进行。

以上两个标准是衡量体育旅游市场开发能否成功的重要标准,要结合起来看待。总体来说,第二个衡量标准要比第一个标准产生的影响更为深刻和久远,体育旅游市场的开发者和经营者要认识到这一点。

(五)总结评估

总体来说,体育旅游市场开发的评估与总结工作主要包括以下几个方面的内容。

1.建立专项档案

开发部门的相关人员要根据工作需要搜集一切与体育旅游市场开发相关的资料,制订专项档案,同时还要做好必要的保密工作。

2.撰写总结评估报告

撰写体育旅游市场开发总结评估报告就是全面而系统地总结与评价体育旅游市场开发工作情况,以为接下来的开发工作提供必要的经验和教训,避免走弯路。

3.表彰工作

表彰工作主要是表彰体育旅游市场产品开发工作中具有优异表现的先进分子及工作人员,对他们的辛勤劳动表示感谢与鼓励。

第三节　体育旅游市场要素的管理

一、体育旅游市场的管理

(一)体育旅游市场的分销渠道

1. 市场分销渠道决策

(1)分销渠道概述

分销渠道是将产品或服务从生产者手中转移到消费者手中。在任何产业中,产品的销售都是非常重要的内容,而产品的市场分销渠道则连接着生产者与消费者,其在商品流通的过程中扮演着十分重要的角色,对于体育旅游产业而言同样如此。

通常来说,体育旅游市场分销渠道主要有传递信息、促销、实体分配和库存管理等功能,这几个功能对于体育旅游市场的规范、健康发展具有非常重要的作用。作为体育旅游企业的管理人员,一定要充分认识到这几个方面。

(2)分销渠道决策的内容

体育旅游企业管理者可以根据自身的实际情况来选择合适的分销渠道,这需要注意以下几个方面:第一,要确定好分销渠道的长度和宽度;第二,要选择合适的渠道成员;第三,要采取各种手段和措施激励渠道成员,激发渠道成员的积极性;第四,要利用正确的评价手段评价渠道成员。

2. 体育旅游市场的渠道营销

一般情况下,旅游市场的渠道营销有以下几个职能。

(1)寻找潜在的产品消费者。

(2)对消费者或潜在的消费者进行说服性沟通。

(3)搜集消费者对旅游产品的看法。

(4)企业与旅游消费者达成合作协议。

(5)安排旅游参与者的各项活动。

(6)承担与体育旅游市场分销渠道的全部风险。

与一般的旅游产品相比,体育旅游产品的营销渠道比较简单。通常情况下,主要是直接分销渠道,即旅游者直接从旅游地购买门票或租用器材,或将门票交由各旅行社代售,形成一层渠道;渠道宽度较宽,通常为密集分销,尽可能多地选择适当的旅行社,使广大消费者能随时随地地了解体育旅游景区的信息,以方便购买门票。

（二）体育旅游产品的定价

人们在购买体育旅游产品时,通常会考虑产品的价格,价格是影响消费者是否购买产品的重要因素,因此确定一个合理的定价对于体育旅游企业而言至关重要。总体来说,体育旅游企业可以采取以下几种价格策略。

（1）渗透定价策略。渗透定价策略是指在新产品投入市场时,把价格定得比较低,以低价位扩大市场占有率、提高销售量。这一策略能帮助体育旅游企业迅速占领市场,提高市场竞争力。

（2）满意定价策略。满意定价策略是指保持体育旅游产品或服务价格的稳定,可以按照预期实现利润目标,而且价格调整也有一定的余地。但是,当市场情况较为复杂时,这一策略并不适用,需要具体问题具体分析。

（3）心理定价策略。心理定价策略是指根据体育旅游产品消费者的购买心理对体育旅游产品进行定价,以此来满足不同购买心理的消费群体。常用的心理定价策略主要有整数定价策略、尾数定价策略、促销定价策略等。

（4）折扣定价策略。折扣定价策略是指在体育旅游产品的正式价格基础上给予适当的折扣,让利给消费者,以吸引消费者参与体育旅游产品或服务的消费。

（三）体育旅游产品的促销

体育旅游产品的促销是体育旅游市场发展的一个重要内容。进行产品促销的主要目的在于让消费者认识产品的性能、特点,从而产生良好的印象,促使其产生购买的动机。总体来看,当前常用的促销策略主要有营业推广、公共关系和广告推销等几种形式。体育旅游市场的管理人员要结合本企业的实际情况合理选择。

1. 体育旅游企业的营业推广

营业推广属于一种短期的产品促销方法,其主要目的是鼓励人们参与企业所推出的各种营销活动,加深人们对促销产品的印象。常用的促销方式主要有展览、赠送、抽奖等。

（1）发放宣传册

发放体育旅游宣传册的主要目的是让消费者或者潜在的体育旅游消费者了解体育旅游的相关信息,圈定体育旅游目标人群。

（2）有奖销售

有奖销售也是一种常用的营业推广方式。消费者在购买相应的产品后会获得相应的兑奖券，当累积到一定数量后，会进行各种形式的抽奖活动，这能在一定程度上激发消费者参与体育旅游消费的积极性。

（3）赠品销售

赠品销售是指消费者在进行产品消费或服务后所获得的相应的小物品，这些物品通常会附带体育旅游企业的名字、电话、宣传语等，进一步起到宣传本企业产品的作用。

（4）价格折扣

价格折扣这一推广方式也较为常用，其主要做法是消费者在购买相应的产品达到一定数量时，给予一定的价格折扣，这能为消费者带来一定的实惠，节约经济开支，因此受到大部分消费者的欢迎和喜爱。

2.体育旅游企业的公共关系

在体育旅游市场管理中，公共关系活动具有非常重要的作用，通过公共关系活动能树立良好的企业形象，对体育旅游企业起到非常好的宣传作用。公共关系活动非常注重与社会良好关系的维系，这样能使企业获得良好的信誉和形象，能取得良好的宣传效果。

如果一个体育旅游企业能很好地处理企业与其他社会部门之间的关系，那么其就会得到健康的发展。各种公共关系的处理主要包括危机公关、紧急事件处理、企业关系维护等，企业管理人员一定要处理好这些问题，否则就有可能带来严重的后果。具体而言，公共关系的内容与形式主要有以下几类。

（1）新闻传播

新闻传播是公共关系处理的一种非常重要的手段，新闻传统可以通过报纸、杂志、广播、电视等传播媒介进行，通过这些形式或途径可以向社会各界传播体育旅游企业及其产品的有关信息，创造良好的社会舆论环境。为提高体育旅游企业的知名度，公共关系维护人员还可以针对社会时事热点，有计划地组织和安排有新闻价值的活动和事件，以获得新闻媒介对于本体育旅游企业报道的机会。但这种做法要合理和适当，否则就容易导致相反的效果。

（2）公关宣传

公关宣传的主要目的是宣传体育旅游企业的整体形象，获取公众的信任，提升企业的知名度。当前大多数企业公关宣传的主要形式是公益宣传，通过各种宣传活动能树立企业良好的形象。

在网络信息迅速发展的今天,体育旅游企业最为常用的公关宣传手段主要为微博和微信公众账号。通过这两种途径,能够实现体育旅游企业与社会受众之间的实时互动,让人们真切感受到体育旅游的魅力。如今,微博、微信公关宣传已被广泛利用,因此加强微博和微信内容的创新成为大势所趋。

（3）社会公益活动

社会公益活动也是一种重要的公共关系手段,通过这一手段的利用,体育旅游企业能获得一定的社会效益和经济效益,实现双丰收。社会公益活动的一个主要形式是捐助,捐助活动的影响非常大,体育旅游企业通过捐助能受到社会大众的关注,获得良好的社会知名度和声誉。

3.体育旅游产品的广告推广

广告是指通过各种形式的媒体向公众传递信息的宣传手段。通过各种形式的广告,人们能充分了解企业产品的特点与性能,从而使广告主最终受益。在现代社会背景下,人们每天都会受到各种广告的影响,广告可以说是无处不在的。通过广告,能很好地宣传体育旅游企业的产品或服务,能充分激发人们购买旅游产品或服务的欲望。因此,广告活动的效果是非常明显的。体育旅游企业一定要重视广告宣传。

（1）针对体育旅游产品的广告定位

在开展相应的广告活动时,体育旅游企业应根据体育旅游产品的特点进行科学的广告定位,其广告定位策略主要有以下几点。

①功效定位,详细阐述体育旅游产品的特殊价值和功能,以激发消费者的购买欲望。

②价格定位,可以利用廉价策略来吸引消费者,让消费者产生同类产品的对比,吸引消费者购买本企业产品。

③品质定位,突出体育旅游产品和服务的质量,激发消费者的购买欲望。

（2）针对体育旅游消费者的广告定位

针对体育旅游消费者的广告定位是指体育旅游企业在进行市场细分和选定目标市场的基础上,对某体育旅游产品是针对哪一类目标消费群体生产的以及购买本旅游产品的是哪一类旅游者等一系列内容进行广告宣传。

随着现代社会的不断发展,传播工具越来越多样化,其中网络手段的利用越来越广泛。网络手段可以根据人们的喜好来进行广告的显示,从而使得广告受众更加具有针对性,这无疑提高了广告的效果。除此之外,电视、网络、地铁广告等多媒体也具有良好的宣传效果,可以结合起来利用。

二、体育旅游市场的营销

一般情况下,体育旅游市场营销的工作内容主要有以下几个部分,经营者在进行管理的过程中不能忽略了任何一部分。

(一)准备工作

1.准备工作的要素

体育旅游市场的营销不是一件容易的事情,其中涉及各方面的因素和问题,因此需要事先做好充分的准备工作。这些准备工作主要包括企业经营状况、竞争对手状况、市场环境分析等内容。通过这些情况的分析,能清楚地了解当前体育旅游市场的发展情况,为企业制订相关的营销方案提供必要的资料。

在分析体育旅游市场时,还需要撰写相关的市场分析报告,报告中要详细说明体育旅游市场近几年的发展状况以及消费者的需求变化情况等。

在分析体育旅游服务时,要充分分析服务的价格变动情况以及消费者的态度等。

在分析体育旅游市场竞争情况时,需要分析竞争对手的方方面面,包括产品的质量、风格等,另外还要分析对手的经营策略、促销策略等,并预测未来的市场发展前景。

通过以上内容的分析,可以为体育旅游市场经营者提供重要的资料,从而为制订市场开发计划或方案提供必要的依据,提高市场竞争力。

2.SWOT分析

SWOT分析是分析体育旅游市场发展情况的一种重要手段,SWOT分别代表优势(Strengths)、弱点(Weakness)、机遇(Opportunities)和威胁(Threats)。通过这一方法能帮助体育旅游市场经营者很好地认清当前体育旅游市场的形势,从而制订出有针对性的发展对策。

优势是体育旅游市场营销中对企业有利的因素,包括产品的特色、服务的质量、与对手竞争产品的对比优势等。

弱点是指体育旅游企业本身存在的某些问题或缺陷,企业管理人员要认清自身存在的不足,采取各种手段与措施加以解决。

机遇是指对体育旅游企业有利的因素。评估体育旅游企业的机遇主要从以下两方面进行:一方面是体育旅游企业的吸引力,即潜在的获利能力;

另一方面是体育旅游企业成功的可能性，主要看现有的市场环境是否符合体育旅游企业的发展目标和资源。

威胁是体育旅游市场营销中对体育旅游企业不利的因素。环境威胁主要表现在两个方面：一方面是市场环境可能会给体育旅游企业带来的损失大小，另一方面是指发生威胁的概率以及大小。

在利用 SWOT 手段分析体育旅游市场营销时，首先要充分分析体育旅游企业的内外部环境，然后对企业的经营状况做出细致的分析，并客观描述企业在整个市场中的地位及扮演的角色。在进行营销策划时，要充分利用企业的优点，补足缺陷，只有这样才能获得理想的市场营销效果。

在进行 SWOT 分析之后，可针对优点和缺点展开有针对性的探讨，然后再开展相应的体育旅游市场策划，从而制订出一个科学、合理的体育旅游市场营销方案。

（二）确定策划主题

1.策划主题的选择

一般来说，体育旅游市场营销的主题主要有以下三种来源。

（1）由上级直接下达的旅游产品主题。

（2）由公司部门会议、策划会等经过讨论而决定的主题。

（3）公司策划人员自己策划的旅游产品主题。

由于每一个体育旅游企业都是不同的，有自身的优势和特色，因此旅游主题的策划不能一概而论，要结合体育旅游企业及其产品的风格确定。通常在确定策划主题时，会制订一定的标准。如果没有相应的参照标准，策划主题就会显得盲目，并且容易造成极大的资源浪费。

2.明确策划主题

在完成旅游主题的策划工作后，体育旅游企业的策划部门人员还要结合企业的具体情况及产品或服务的特色进一步明确这些主题，这样才能执行和完成接下来的工作。

3.设定目标

目标是体育旅游市场营销的核心部分，一个良好的目标能对整个营销活动方案起到重要的作用。一般情况下，体育旅游市场营销策划的目标主要分为财务目标和市场营销目标两大类。这两个目标是相辅相成的关系，在确定目标时要充分考虑这两个方面，避免目标的模糊不清，从而影响营销策划方案的制订。

(三)搜集资料

在制订体育旅游市场营销策划方案时,需要策划者搜集各方面的资料,并进行整理与分析,在进行市场调查的过程中要注意多看、多听、多问、多查,确保资料来源的可靠性和有效性。

1.市场需求调研的内容

(1)体育旅游产品的市场供求状况和前景。

(2)销售策略改变对产品销量的影响以及对竞争对手的影响。

(3)体育旅游企业自身产品的市场需求结构、市场需求潜量和销售潜量等。

2.消费者的调研

消费者调研是体育旅游市场营销的一个重要环节,这一环节的内容非常多,需要根据消费者的需求变化做好详细的记录,并对此进行细致的分析。一般来说,体育旅游消费者的调研主要包括以下内容。

(1)消费者群体构成情况(包括年龄、学历、性别等)。

(2)消费者的购买力水平。

(3)影响消费者购买产品的主要因素。

(4)消费者的购买动机。

(5)消费者的购买习惯。

(6)消费者对体育旅游产品的好恶程度。

3.竞争情况调研内容

竞争情况调研是一个非常重要的环节,这一环节主要包括以下几个部分的内容。

(1)调查体育旅游产业竞争者的数量。

(2)调查竞争者产品的质量和利润率。

(3)调查竞争者的市场发展策略。

(4)调查竞争者的市场占有率。

(5)调查竞争对手的优势和劣势。

4.市场营销组合的调研

一般来说,体育旅游市场营销组合调研主要包括消费者对消费产品的评价调研、产品的包装调研、产品的生命周期调研等。另外，还包括价格调研、促销调研等内容。

除以上几个因素之外，社会、经济、政治、科技等因素也是体育旅游企业管理人员在搜集资料时需要注意的地方，相关信息可以通过报纸、杂志、网络等渠道获得。

（四）形成创意

体育旅游产品的设计需要一定的创意，同样体育旅游市场的营销与策划也需要创意。创意并不是凭空就能产生的，其产生的过程就是信息搜集、整理的过程，在信息搜集过程中，会产生相应的灵感、线索等，从而形成相应的创意。一般情况下，产生灵感的线索主要分为启示、产生灵感、创意构思三个阶段。每一个阶段都是非常重要的，需要营销人员在平时做好充分的准备和积累。

（五）撰写策划书

撰写营销策划书是体育旅游市场营销中的一个重要环节。营销策划书的撰写要求通俗易懂，能说服别人。一般而言，营销策划书主要包括封面、目录、前言、策划摘要、背景分析、策划目标、方案说明、预期效益、使用资源、风险评估等方面的内容。这些内容一定要详细说明，这样的方案或策划书才是完整的，才有利于指导整个营销计划的顺利进行。

（六）控制实施

制订并通过策划案后，就要实施策划书。在具体的策划实施过程中，策划部门与实施部门要保持密切的沟通与联系，以保证策划方案的顺利实施。在实施的过程中，还要考核实施的效果，以便及时合理地调整策划方案中的内容。

三、体育旅游市场管理与营销的策略

（一）针对目标市场促销

由于各类体育旅游市场的目标是不同的，因此在设计产品或者确定产品营销方式时要有针对性，采取不同的方式。针对目标市场促销是差异性目标市场营销模式的具体营销策略。这种方式具有极强的针对性，能针对不同的产品进行价格促销，能满足不同消费者的各种个性化需要。

以不同年龄消费者的消费需求为例，不同年龄阶段消费者的体育旅游需求会形成不同的消费市场(图 3-2)。通过调查可以发现,近些年来在我国入境体育旅游游客中,老年人停留时间最长、青少年次之。因此,根据这一调查结果,体育旅游企业可以着重开发适合这两类人群的体育旅游产品或服务。

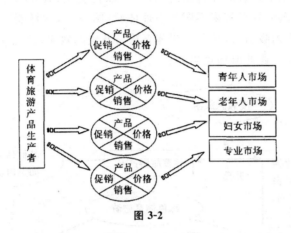

图 3-2

(二)利用节庆假日促销

随着现代社会的不断发展,人们的余暇时间也越来越多,这样的情况就为人们参与各种体育旅游活动提供了时间上的保证。因此,体育旅游市场的营销人员要充分利用节假日设计并推出各种体育旅游活动,以吸引旅游爱好者的参与。

总体来说,我们应结合具体的节庆假日特色、时间长短刺激消费,充分考虑到游客在有效时间内的可达性以及市场空间定位等因素,以制订良好的营销方案(图 3-3)。

图 3-3

(三)综合资源,组合促销

在体育旅游市场营销与策划的过程中,营销人员应整合多种体育旅游资源,从而满足消费者的体育旅游需求,可以将度假、观光与体育运动三者相结合,为旅游爱好者带来不同的心理体验(图 3-4),这样能对体育旅游消费者构成较大的吸引力,从而增强体育旅游营销的效果,这能在很大程度上提高体育旅游企业的市场竞争力。

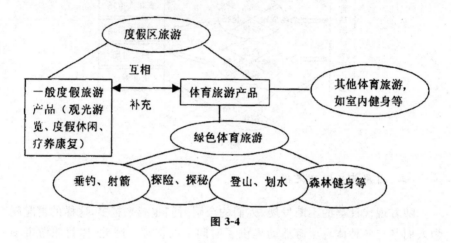

图 3-4

第四章　体育旅游的资源要素
分析与整合研究

体育旅游事业的发展离不开体育旅游资源的支持,体育旅游资源是体育旅游的最基本要素,如果没有体育旅游资源,就不会吸引体育旅游消费者并进一步引发体育旅游行为,那么体育旅游活动与体育旅游市场也就失去了最基本的存在根基。本章重点对体育旅游资源要素进行分析,并在了解体育旅游资源特点与分布的基础上,对体育旅游资源进行合理的开发与整合,提高体育旅游资源的旅游吸引力和开发价值,促进体育旅游的科学化及可持续发展。

第一节　体育旅游资源要素概述

一、旅游资源与体育旅游资源的概念

(一)旅游资源

"旅游资源"是"旅游"与"资源"两个词语的合成,既具有"旅游"的共性特征,也具有"资源"的共性特征,同时又具有其自身的特殊特点。作为一个合成词,很多学者从旅游和资源的角度尝试对旅游资源做出概念描述。

1.国外学者对旅游资源概念的认识与描述

国外学者对体育旅游的研究开展较早,在"体育旅游"这一名词出现之前,就有很多相关词语及其概念解释的出现,如 tourist attractions 和 visitor attractions,中文译为"旅游吸引物"。

英国学者霍洛韦(J. C. Holloway)认为:"旅游吸引物是那些给旅游者积极的效益和特征的东西。"

英国旅游协会(ETC)认为:"旅游吸引物是一种永久固定的游览目的

地。"旅游吸引物具备以下特征,即能满足公众娱乐、兴趣和教育需求;在每年预先确定的时期向公众开放;必须是独立的,有独立的管理,有游客收入。

澳大利亚学者内尔·雷坡(Neil Leiper)在《旅游吸引物系统》一文中指出:"旅游吸引物是一个综合系统,由三个要素组成:旅游者或人的要素、核心或中心的要素、标识或信息的要素。当这三种要素合而为一时,便构成旅游吸引物。"

从对旅游资源的概念理解来看,国外学者或旅游组织倾向于从人(旅游者)的视角解读旅游者及其行为,旅游资源是吸引旅游者的所有因素的总和。

2.我国学者对旅游资源概念的认识与描述

《辞海》中指出,"资源"是指可资利用的来源。

有学者指出,资源属于经济学概念,原指取之于自然的生产与生活资料,现在常指客观存在的生产资料或生活资料。资源最基本的属性就是"有用性"和"基础性"。

旅游资源是资源的一种,在"有用性"和"基础性"的基础上,还表现出具有"可利用性"和"经济价值"。

改革开放以后,我国社会经济发展有了很大的变化,我国体育旅游业是在我国经济条件好转之后逐渐发展起来的。这一时期,我国学者对旅游与旅游资源的研究不断深入和全面,很多学者为了科学合理地界定旅游资源的概念,做了不懈力与探索(表4-1)。

从表4-1来看,在旅游资源概念研究早期,"吸引性"是诸多学者对旅游资源特性的一个共识,但是对于旅游资源的"环境效益"关注较少。在关于旅游资源的对象化描述中,更多学者将旅游资源界定为一种"因素"和"事物"。

表 4-1　国内学者对旅游资源概念诠释

学者	吸引性	可开发性	效益性			对象化描述							
			经济	社会	环境	景观	劳务	商品	客体	现象	条件	因素	事物
唐学斌	●					●	●	●					
郭来喜	●						●		●				
黄辉实	●	●											●
陈钢	●									●			●

续表

学者	吸引性	可开发性	效益性			对象化描述							
			经济	社会	环境	景观	劳务	商品	客体	现象	条件	因素	事物
张凌云	●	●	●	●							●	●	
孙文昌	●	●	●	●									●
孙尚清	●	●	●	●							●	●	
李天元	●											●	
保继刚	●					●							●
楚义芳	●					●							●
杨桂华	●	●	●	●	●				●				
魏小安				●								●	
CNTA	●	●	●	●								●	●
宋子千	●	●									●		●
甘枝茂	●	●							●			●	
黄中伟	●	●	●	●								●	●
国标	●	●	●	●	●							●	●

注:CNTA 指的是国家旅游局,国标指的是《旅游资源分类、调查与评价》。

2003 年,我国国家标准《旅游资源分类、调查与评价》(GB/T 18972—2003)颁布,将旅游资源定义为:"自然界和人类社会凡能对旅游者产生吸引力,可以为旅游业开发利用,并可产生经济效益、社会效益和环境效益的各种事物和因素。"这一概念对之后学者对旅游资源的更深层次理解奠定了重要理论基础。

通过上述对旅游资源的概念认知分析可以总结出,我国学者普遍认为体育旅游资源应具备以下基本特征与内涵。

(1)体育旅游资源应具有吸引性,对旅游者具有吸引力,能激发旅游者的旅游动机。吸引力因素是旅游资源的理论核心。

(2)旅游资源具有可利用性,体育旅游资源要具有旅游价值,能产生多元效益,即经济效益、社会效益、环境效益缺一不可。

(3)旅游资源是客观存在的。旅游资源是人们赋予客观存在的事物以利用价值,这种旅游价值是人为开发出来的,这种价值必须依托于客观存在的事物身上。

（二）体育旅游资源

从概念范畴上来看，体育旅游资源属于旅游资源中的一部分。作为一种旅游资源，体育旅游资源对体育旅游者必然具有一定的吸引力，这种吸引力具体表现为体育旅游对象和体育旅游设施两个方面。

首先，体育旅游对象是整个旅游产品中的重要组成部分，体育旅游者选择开展旅游活动，必然是受到了体育旅游物的吸引，这种体育旅游物能满足体育旅游者的某种体育旅游需求，并会随着体育旅游者的不断涉足和开发而充实到旅游对象中。体育旅游对象可在地域范围上形成聚集态势。具体来说，各种单体的体育旅游对象有机地聚集在某一地区，经开发创造出一个旅游环境后，就会成为旅游目的地。通常来说，旅游目的地的旅游对象越多，对旅游者来说就越具有性价比优势。

其次，体育旅游设施是专门为参与者提供体育旅游活动条件、满足体育活动需求的娱乐设施和服务设施。体育旅游地的体育旅游设施将直接决定体育旅游者的体育旅游体验，这种体验将成为评价该旅游地的一个重要的旅游评判标准，可影响其他体育旅游者是否选择来这里旅游。

综上所述，可以将体育旅游资源的概念界定为：体育旅游资源是客观存在的，对体育旅游者产生吸引力，能激发其体育旅游动机和行为，能产生旅游经济、社会、生态效益的事物。

二、体育旅游资源的内涵与属性

（一）功能：吸引力和旅游价值

某一事物之所以成为体育旅游资源，根本原因就是其具有对体育旅游者的吸引力，这种吸引力使得该资源具有体育旅游价值。体育旅游资源的吸引力与旅游价值具体表现如下。

1.吸引力的唯一性

从体育旅游者产生体育旅游动机来看，动机可以是多方面的，但无论是出于哪一个方面的动机，都要求体育旅游者通过考量之后付诸最后的旅游行为，如此体育旅游资源才能真正实现其对体育旅游者的吸引力。

对体育旅游者的旅游行为实施前的考量，其实就是对一种体育旅游资源的价值判断，以及对不同体育旅游资源的价值比较，往往哪一种体育旅游资源更具吸引力，具有其他体育旅游资源所不具备的唯一的吸引力，体育旅游者就更倾向于选择该种体育旅游资源。

必须指出的是，不同的事物可能都会对体育旅游者产生各种各样的兴趣吸引，但只有那些能够提供审美和愉悦、对旅游者具有旅游吸引力的内容才算是旅游资源，不具有这种吸引力的任何资源形式都不是旅游资源。

2.吸引力的相对性

旅游资源对旅游者的吸引力是对旅游者群体而言的，不同的旅游者群体往往对于不同的旅游资源有喜好的倾向性，这就是体育旅游资源吸引力和旅游价值的相对性。

举例来说，农村体育旅游者更希望能去大城市的综合性体育场馆观看一场顶级体育运动赛事，城市体育旅游者更向往去郊区、山区感受在大自然中参与体育运动的快乐。对于不同地区、不同类型的体育资源，不同的体育旅游人群的喜好程度不同，参与体育旅游的动机也不同。

此外，体育旅游资源对体育旅游者的吸引力的相对性还表现在在不同的历史时期和社会发展阶段，体育旅游者所喜欢的体育旅游资源类型和开展体育旅游活动的类型是不同的，这在跟随重大赛事而兴起的各种体育旅游热中表现得尤其明显，如在我国先后出现的习武热潮，诸多国内外体育旅游爱好者去少林寺观摩旅游；2008 年，我国在北京举办奥运会，吸引了大量的国内外体育运动爱好者来中国、来北京旅游；2022 年，北京—张家口冬奥会还将掀起一场冰雪体育旅游热潮。

3.吸引力的效益性

对旅游者具有吸引力的旅游资源必须能够为旅游业所开发利用，并产生三大效益：经济效益、社会效益、生态效益。

体育旅游业是一种绿色、健康的产业，旅游资源的核心吸引力特性要符合经济、社会和生态原则，要剔除那些不符合经济原则、社会伦理规范和生态原则的部分。

在体育旅游业的发展过程中，那些违反了社会公德标准、侵犯了人类的根本利益、可能对生态环境造成不良影响的体育旅游资源，都不应列入旅游资源范围内。

（二）形态：客观存在性和多元化

1.旅游资源的物质和非物质形态

物质形态的旅游资源是指物质的、有形的旅游吸引物，是看得见、摸得着、易被人们所认可的旅游资源,如名山、秀水、溶洞、建筑、动植物等。

非物质形态的旅游资源主要是通过人们的想象而感受到的体育旅游体验,这种想象是建立在物质形态的体育旅游资源的基础上的,与一定的物质相联系,依附于一定的物质而存在,并通过人们的想象被感受到,如历史记载、神话故事、文学作品、科技、技艺等。

举例来说,湖北赤壁山作为一种自然山体资源,本身就具有登山、徒步、观光旅游、丛林探险等体育旅游价值,再加上《三国演义》中的"赤壁之战"在大众中知名度较高,因此很多旅游者去赤壁山旅游,除了欣赏自然风光外,在很大程度上是人们怀古的情怀和探究历史真相的好奇心激发了旅游者的旅游动机。

2.旅游资源的原生、人造、虚拟形态

原生体育旅游资源是自然存在、历史文化中遗存下来的具有旅游价值的资源,这些旅游资源是体育旅游的重要组成部分,而且大多数资源一经破坏就无法恢复原貌、不可再生,是原生的旅游资源。

人造体育旅游资源是随着现代体育旅游业的不断发展而在原有的旅游资源或者是原有的旅游地进行人为建设和创造出来的新的体育旅游资源,这一部分旅游资源具有对原生体育旅游资源的依附性,可以是依靠资金、智力和现代技术,通过模仿、模拟创造出许多人造景观,也可以是对其他地区知名资源的模仿再造。

虚拟体育旅游资源是利用现代科技创造出来的虚拟性的、能为体育旅游者提供类似真实的体育运动体验的体育活动参与体验的体育旅游资源,具体是使用虚拟技术,使人与虚拟三维环境进行视觉、嗅觉、听觉等感觉的实时交流,是原生、人造旅游资源的多维立体、全景动态的数字化展示。虚拟旅游资源对旅游者的吸引力是源于其附着的原生或人造旅游资源吸引力而产生的。

3.旅游资源的已开发和未开发形态

已开发的体育旅游资源是目前在体育旅游市场上可以找到的、吸引了一些体育旅游者前往进行体育旅游体验的体育旅游资源,这些体育旅游资源已经投入体育旅游市场中,成为体育旅游产品的重要依托因素与事物。

未开发的体育旅游资源是指那些具有重要的体育旅游开发价值,但是受各种因素的影响,还没有被引入体育旅游市场中,也没有通过开展体育旅

游活动进行盈利的体育旅游资源。

在这里需要特别指出的是,旅游资源的性质和功能并不会因为人们观光以及开发与否而引起改变,无论人们观光与否、开发与否,只要是能激发人们的旅游动机、具有旅游价值的要素,它们都是客观存在的体育旅游资源。

(三)范畴:延展性和动态性

体育旅游是随着人类社会经济、文化的发展而兴起和快速发展的产业,体育旅游资源也会受到人类社会的经济与文化发展的影响,其自身的功能与属性也会发生相应的变化,以满足体育旅游者不断变化的、丰富多样的或者个性化的需求,越是能与体育旅游者的旅游需求相契合的体育旅游资源,越是能吸引体育旅游者付诸体育旅游实践行动。

在人们的传统观念中,只有美好的事物才具有旅游价值,才能成为旅游资源,山岳森林、江河湖泉、宫殿寺庙、亭台楼阁等。随着现代人们的思想与认知的变化,一些不能被传统大众所理解和认知的事物也会受到一部分人的欢迎而成为旅游资源,并有可能引导大众旅游趋势,如废气的工厂经过适当改造可成为旅游资源和旅游地,如798艺术中心。农村的田园生活也会吸引城市居民前来观光体验,如农家乐。现阶段,随着人们体育健康意识的加强,一些历史悠久的药膳房、中药材博物馆、医疗器械博物馆等也成为一种旅游资源。

随着人们体育活动的不断丰富与发展,人们的体育活动不仅局限于人类居住区,而且开始向更广阔的空间发展,开始向空中、水下延展,如无人区探险、沙漠徒步、海底探幽、空中跳伞等,北极、海底、太空等都成了旅游资源。

第二节　我国体育旅游资源要素的分布

我国地大物博,具有丰富的自然与人文旅游资源可供开展体育活动。随着近年来我国体育事业的不断发展,我国体育文化与体育项目也获得了较快的发展,这些体育文化资源也为体育旅游活动的开展奠定了良好的基础。本节主要结合不同旅游资源的性质对我国丰富多彩的体育旅游资源的分布进行详细阐述。

一、我国体育旅游自然资源分布

(一)山体资源

我国山体资源丰富,可依托丰富的山体丘陵、多彩地貌开展登山、徒步、观光、探险等体育旅游活动。当前,我国已经开发的体育旅游山体资源详见表 4-2。

表 4-2 我国可开展体育旅游的山体资源分布

省(自治区、直辖市)	山体资源
北京	鹫峰、灵山、香山、百花山、海坨山
河北	雾灵山、苍岩山、碣石山
河南	嵩山、石人山、鸡公山
甘肃	团结峰、大雪山、冷龙岭、七一冰川
四川	四姑娘山、泸定贡嘎山、峨眉山、青城山
山东	泰山、崂山、蒙山、千佛山
山西	恒山、五台山
陕西	华山
湖南	衡山、五陵源、九嶷山、张家界
安徽	九华山、黄山、琅琊山、八公山
湖北	武当山、九宫山、神农架
江西	庐山、青原山、龙虎山、井冈山
吉林	长白山
福建	武夷山
台湾	阿里山
浙江	雁荡山、普陀山、天台山、莫干山
辽宁	千山
广东	鼎湖山、罗浮山、丹霞山
云南	玉龙雪山
新疆	托木尔峰、公格尔峰、博格达峰、慕士塔格峰、公格尔九别峰、雪莲峰、慕士山

续表

省(自治区、直辖市)	山体资源
西藏	启孜峰、乔戈里峰、珠穆朗玛峰
青海	阿尼玛卿、年保玉则、玉珠峰、祁连山脉岗什卡雪峰
内蒙古	包头九峰山、巴林喇嘛山

(二)水体资源

我国拥有丰富的江、河、湖、海等水体资源。据不完全统计,我国有大小湖泊2万多个,大小瀑布数百个,瀑布群数十个,各类泉10万之多。这些水体资源为我国开展水上体育旅游活动与水下体育旅游活动提供了良好的条件。

目前,我国依托水体资源开发较多的体育旅游活动是游泳、漂流、龙舟以及水源疗养地的休闲体育旅游。近年来,我国新兴的水上体育旅游主要是冲浪、滨海度假游、游轮休闲游,此外还能为体育旅游者提供水下潜水的水下体育旅游体验。

我国丰富的水体资源分布详见表4-3。

表4-3 我国水体资源分布

水体资源	分布区域
河流	长江三峡 四川都江堰 湖南猛洞河、茅岩河、郴州东河 广西桂林山水、漓江、资江、柳州融水贝江等 黑龙江沾河、伊春河、汤旺河、黑龙江 新疆叶尔羌河、塔里木河、和田河
湖泊	北京十三陵水库 青海青海湖 黑龙江镜泊湖、五大连池 新疆天山天池、赛里木湖、哈纳斯湖 安徽新安江水库 江苏太湖 福建武夷山曲溪 湖南洞庭湖 江西鄱阳湖 云南洱海、滇池

续表

水体资源	分布区域
泉水	北京西山玉泉、小汤山温泉 山东济南泉群 西安骊山华清池 杭州西湖虎跑泉 江西庐山聪明泉 广东从化温泉
瀑布	陕西、山西两省交界的壶口瀑布 贵州西江黄果树瀑布 台湾蛟龙瀑布 安徽天柱山瀑布群 吉林长白山瀑布 江西庐山瀑布群 浙江雁荡山瀑布群 四川九寨沟瀑布群
江海	河北北戴河、秦皇岛南戴河 山东烟台金沙滩、乳山银滩 辽宁大连金石滩 上海南汇滨海 广西北海银滩 广东阳江海陵岛 海南三亚天涯海角

(三)溶洞资源

我国山水资源丰富,由此也促进了我国具有丰富的溶洞资源,这些溶洞资源为我国洞穴探险爱好者、体育摄影爱好者开展体育旅游活动提供了丰富的自然条件。当前,我国已经开放的洞穴约有 300 多处,大都具有较高的旅游价值(表 4-4)。

表 4-4 我国比较著名的溶洞资源分布

省(自治区、直辖市)	溶洞资源
北京市	房山石花洞
重庆市	武隆芙蓉洞

续表

省(自治区、直辖市)	溶洞资源
河北省	临城溶洞
浙江省	桐庐瑶琳仙境
贵州省	安顺龙宫
广西壮族自治区	桂林七星岩、芦笛岩、荔浦丰鱼岩、桂林冠岩
辽宁省	本溪水洞

(四)沙漠资源

在我国广袤的国土面积中,沙漠分布较广,共计约70万平方千米,沙漠的存在虽然给一些地区人们的生产生活带来了不便,但也促进了沙漠地区沙漠旅游业的发展,对于一些热衷于自我挑战与探险的体育旅游者来说,沙漠徒步、沙漠探险则是非常好的体育旅游项目和活动选择。

我国已经被开发的具有体育旅游价值的沙漠资源详见表4-5。

表 4-5　我国已被开发的沙漠旅游资源分布

地区	沙漠旅游资源
甘肃	敦煌玉门关、阳关沙漠
新疆	塔里木盆地塔克拉玛干沙漠
内蒙古	科尔沁沙地、巴丹吉林沙漠、库布齐沙漠、包头晌沙湾
陕西	榆林沙漠(沿古长城)
宁夏	中卫沙坡头

(五)生物资源

我国幅员广阔,地形复杂,气候多样,动植物具有多样性的特点。经调查,我国境内有种子植物300个科,2 980个属,24 600个种,生物资源非常丰富。

我国先后设立了多个自然保护区(表4-6),这些自然保护区的建立与建设不仅保护了我国丰富的生物资源,也有助于人们来此开展丰富多彩的体育健身、体育旅游活动。

新时期,我国重视体育事业的发展,重视人民群众健康水平的提高,因此我国依托丰富的体育旅游资源建设了多个旅游示范点、旅游区、森林公园,为广大人民群众的日常体育健身活动和体育旅游活动的开展奠定了良好的体育环境与物质条件基础(表 4-7、表 4-8)。

表 4-6　我国著名的自然保护区分布

地区	自然保护区
黑龙江省	齐齐哈尔市东南的扎龙自然保护区
辽宁省	旅顺口西北约 20 千米的渤海中的蛇岛
吉林省	纳入联合国教科文组织世界生物圈保护区网络的长白山
福建省	鸳鸯溪、武夷山自然保护区
云南省	大理蝴蝶泉、西双版纳自然保护区
湖南省	张家界国家森林公园
四川省	卧龙和鼎湖山自然保护区
江西省与青海省	鸟岛
海南省	琼山县的东塞港自然保护区

表 4-7　长江三角洲体育旅游资源①

城市	国家历史文化名城	中国优秀旅游城市	全国重点文物保护单位	国家 5A 级旅游区	国家 4A 级旅游区	国家级风景名胜区	国家级森林公园	国家级自然保护区
上海	1	1	20	2	21	0	4	2
南京	1	1	28	1	9	1	1	0
无锡	1	3	14	2	13	1	3	0
常州	0	3	4	0	7	0	0	0
苏州	2	6	32	2	27	1	4	0
南通	1	2	5	0	4	0	0	0
扬州	1	1	12	0	4	1	0	0
镇江	1	2	4	0	5	1	2	0

---

① 吴国清.旅游资源开发与管理[M].上海:上海人民出版社,2010.

续表

城市	国家历史文化名城	中国优秀旅游城市	全国重点文物保护单位	国家5A级旅游区	国家4A级旅游区	国家级风景名胜区	国家级森林公园	国家级自然保护区
泰州	0	0	3	0	2	0	0	0
杭州	1	4	22	1	18	2	7	2
宁波	1	3	22	0	18	1	4	0
嘉兴	0	3	10	0	7	0	1	0
潮州	0	1	12	0	5	1	1	1
绍兴	1	2	15	0	9	1	1	0
舟山	0	1	3	1	2	2	1	0
合计	12	34	210	9	157	14	31	5
全国	112	306	2351	67	1166	187	710	303
长三角占全国比例（%）	9.82	10.78	8.76	13.43	12.95	6.41	4.08	1.65

表 4-8　珠三角旅游资源分布情况

地区	国家级风景名胜区	国家森林公园	国家级自然保护区	国家地质公园	历史文化名城
福建	13	23	12	8	4
广东	7	22	11	7	6
广西	3	20	15	5	2
海南	1	8	9	1	2
泛三角合计	24	73	47	21	14
沿海总计	70	228	96	49	44
比例（%）	34.3	32.0	49.0	42.9	31.8

引自：国家旅游局官方网站。

二、我国体育旅游人文资源分布

(一)一般文化建筑资源

我国历史悠久,古迹众多,人文资源内容和类型都非常丰富。在我国广袤的领土上,我国各个地区与城市基本都有历史悠久的文化建筑,在全国范围内广泛分布,一些地区的著名文化建筑还具有聚集性,具有较高的区域旅游吸引力。

我国重点人文资源分布见表4-9。

表 4-9 　我国重点人文资源分布

分类	地区	人文资源
古陵墓类	北京市	昌平区明十三陵
	河北省	遵化市清东陵、易县清西陵
	陕西省	黄陵县黄帝陵、临潼秦始皇陵、兴平市汉武帝茂陵、霍去病墓等
	浙江省	杭州市西湖以北的栖霞岭南岳飞墓
宗教类	北京市	西便门外白云观
	河南省	洛阳市白马寺
	山东省	长清区方山之阳灵岩寺
	浙江省	天台山国清寺
	湖北省	当阳市玉泉寺
	江苏省	南京市栖霞山栖霞寺
	陕西省	交城县玄中寺、周至县楼观台
	广东省	广州市光孝寺
	云南省	昆明市玉案山筇竹寺
	青海省	湟中县塔尔寺
	西藏	扎什伦布寺、萨迦寺、大昭寺

续表

分类	地区	人文资源
石窟寺类	河南省	洛阳市城南龙门石窟
	山西省	大同市西郊武周山北崖云冈石窟
	甘肃省	敦煌石窟
	重庆市	大足县大足石刻
	新疆	拜城县东克孜尔千佛洞
园林建筑类	古代三大建筑群:北京故宫、河北承德避暑山庄和外八庙、山东曲阜孔庙和孔府 四大名楼:湖南岳阳楼、湖北黄鹤楼、江西滕王阁、山西鹳雀楼 古代园林:山东园林、江苏苏州园林、无锡园林、扬州园林	

(二)体育赛事场馆场地

为了准确掌握体育场地的整体情况,国家有关部门分别于 1974 年、1983 年、1988 年、1995 年、2005 年、2013 年 6 次进行了全国范围的体育场地普查。近年来,我国对体育事业大力扶持,在体育发展方面投入了大量的人力、物力和财力,体育基础设施建设不断完善,发展到现在,我国的体育赛事场馆、场地和以往相比发生了很大变化(表 4-10),为我国体育人口参与体育健身、体育赛事观光、体育赛事消费奠定了良好的物质基础。

截至 2013 年 12 月 31 日,我国全国体育场地共 169.46 万个。其中,室内体育场地 16.91 万个,室外体育场地 152.55 万个。[①] 总体来看,我国体育场地和场馆资源丰富。近年来,随着我国全民健身的不断推进,国家正在不断推进体育基础设施建设,人均体育场馆面积正在不断增多。

从举办体育赛事的角度来讲,我国专业体育场馆、场地建设的逐渐增多与不断完善,为我国举办更加专业化的国际赛事奠定了良好的物质基础,也为我国进一步开展体育赛事,通过体育赛事吸引人们参与体育运动、参与体育旅游活动发挥了重要推动作用。

---

① 徐鹏程.我国近两次体育场地普查的比较分析[J].统计与管理,2016(02):26-24.

表 4-10　我国体育场地发展水平各指标值①

类型	指标名称	1995	2003	2013	1996—2003 增长率(%)	2004—2013 增长率(%)
绝对量	场地数量（个）	615.693	812.118	1 642.410	31.90	102.24
	场地数量（个）	780 000 000	1 324 495 427	1 948 773.324	69.81	47.13
	人均场地数量（个/人）	0.0005	0.00063	0.00121	26.00	91.59
相对量	人均场地面积（米²/人）	0.65	1.02	1.43	57.68	39.71
	单个场地面积（米²/人）	1 266.87	1 630.91	1 186.53	28.74	−27.25

(三)大型体育赛事活动

近年来,我国体育事业获得了较快的发展,群众的体育意识不断增强,体育参与热情高涨,社会大众对体育运动的关注在收看体育赛事方面表现明显,我国体育赛事创收为我国国民经济的发展贡献了相当一部分力量。因此,作为吸引体育运动爱好者的大型体育赛事也是一种非常重要的体育旅游资源。

这里重点就我国 2008 年北京奥运会的体育旅游情况以及将要举行的2022 年冬奥会对体育旅游发展的促进情况进行简单介绍,以解析体育赛事资源作为体育旅游资源的重要作用。

2008 年,我国成功举办了令世人瞩目的第 29 届夏季奥运会,因为这场赛事,我国外地来北京的游客、境外来我国的游客,与往年相比都大大增多。

2022 年,我国将举办北京—张家口冬奥会,随着冬奥会举办的日益临近,我国的冰雪体育旅游人数不断增多,我国北方地区具有丰富的冰雪旅游资源,冰雪文化节的旅游人数逐年在增长,我国南方地区也开始出现一些室内的滑雪场,2022 年冬奥会的举办不仅能"带动 3 亿人参与冰雪运动",也

---

① 魏德样,雷福民,雷雯.中国体育场地发展的动态特征分析——基于全国场地普查数据[J].西安体育学院学报,2018,35(03):291.

必将迎来新一轮的冰雪旅游热潮。

(四)民族体育文化与项目

我国民族众多,不同的民族在其长期的历史发展过程中形成了丰富的民族体育文化。我国丰富多彩的民族传统体育项目与各民族的民族风情、地域风光为我国各民族人民开展民族体育旅游奠定了文化资源基础。

我国部分民族传统体育活动项目如表 4-11 所示。

表 4-11　我国部分民族传统体育活动项目[1]

民族	民族传统体育项目
纳谣族	赛马、木球、秋千、拔河、射箭、转山海、东巴跳、登刀梯、摔牛跑罐等
瑶簇	武术、躬弩、丢花包等
景颇族	景颇武术、担杠、秋千、跳高、跳远、爬竹竿、打弹弓、打汤趺等
藏族	射箭、赛马、秋千、跳高、跳绳、双人拔河、顶头、牛角、撑台等
布朗族	藤球、陀螺、跑马等
普米族	射箭、射弩、秋千、跳高、摔跤、丢鸡毛球、板羽球、转山转海等
基诺族	丢包、打毛毛球、高跷踢架、跳/扭/翻/顶竹杆、跳牛皮鼓、拉绳秋等
德昂族	射弩、武术、弹弓、跳象脚鼓等
蒙古族	游泳、划船、秋千、武术、马术、赛马、打布鲁、打唠唠球等
水族	赛马、狮子登高、跳桌子等
彝族	摔跤、车秋、陀螺、飞石索、弩弓、跳大海、耍狮子、跳牛、顶斗、抵肩、扭扁担、三方拔河、跳高脚马、爬油杆、武术等
白族	赛花船、绕二灵、打霸王鞭、跳火把、耍海会、赛马、射箭、磨秋等
哈尼族	摔跤、陀螺、跳大海、阿弩塔、跳高跷、拉手、鼓刀跳、猴子、车秋、磨秋、抵肩、爬树追逐、射击、跳竹筒、武术等
傣族	赛龙舟、打蔑弱弓、陀螺、放高升、打水枪、赛马、抓子、打滕球、独木舟、游泳、游水、丢包、象脚鼓对踢、堆沙、武术等

---

[1]　于素梅.中国体育旅游研究[M].北京:水利水电出版社,2006.

民族	民族传统体育项目
壮族	武术、抛绣球、抢炮、走马、磨秋、车秋、荡秋、踩高跷、匝舟舟等
苗族	掷石、射弩、磨秋、摔跤、踢草球、跳棍、叠人、爬花竿、武术等
回族	武术、气功、赛马、扳手腕、扭扁担、踢毛毡、斗牛、耍狮子、叠罗汉、木球、汤瓶拳、查拳、凤影剑、梅花双刀等
傈僳族	爬绳、爬竿、四方拔河、游泳、球戏、辣地、滑板子、拉绳、陀螺、磨秋、荡秋、车秋、投掷、弩弓、射箭、爬刀竿等
拉祜族	爬藤、投茅、武术、赛马、射箭、高跷、鸡毛球、陀螺、跳葫、芦笙等
佤族	脚斗、顶杠、跳高、拉木鼓、骑射、射弩、摔跤、拔腰力、鸡棕陀螺等
独龙族	独龙天梯、溜索、绳梯、手劲、跳高、撑竿跳高、标枪、射弩、拉姆等
满族	骑马、射箭、摔跤、踢毽子、拉地弓、狩猎、追射、打铜锣、采珍珠（尼楚赫）、赛船（赛威呼）、武功、打秋千、嘎拉哈等
朝鲜族	摔跤、跳板、朝鲜象棋等
达斡尔族	波依阔、套力棒、掷坑、赛马、射箭、摔跤、游水、滑冰、抓"萨克"等
锡伯族	赛马、射箭、摔跤、打"螃蟹"、踢"熊头"、打瓦、滑冰、游水、嘎拉哈等
鄂伦春族	射箭、赛马、摔跤、滑雪、撑竿跳、扳棍、比颈力、搬石头、桦皮船比赛等
鄂温克族	滑雪、赛马、套马、摔跤等
赫哲族	叉草球、射箭、叉鱼奏、划船、摔跤、游水、爬山、滑雪、打爬犁、秋千等
柯尔克孜族	射箭、姑娘追、飞马拾银等
黎族	跳竹竿、打花棍、钱铃双刀、穿藤圈、射箭、粉枪射击、拉乌龟等
畲族	畲拳、越火堆、抄杆、蹴石磉、武术、打枪担、猎捕、马灯舞等
土家族	摆手舞、跳灵舞、靠灯舞、花灯舞、地盘子、连响、丈鼓舞等
维吾尔族	切力西、达瓦孜、帕尔孜等
哈萨克族	叼羊、姑娘追、赛马、赛骆驼等

第三节 体育旅游资源要素的开发与整合

一、体育旅游资源开发的内容

体育旅游资源开发是一项综合性和全面性的工作,一般认为它的主要内容如下。

(1)开发和挖掘体育旅游资源的价值和功能。

(2)景点的规划与设计。

(3)交通与通信的可进入性。

(4)体育设施与旅游设施。

(5)培训专业的服务人员等。

体育旅游资源的具体开发内容如图 4-1 所示。

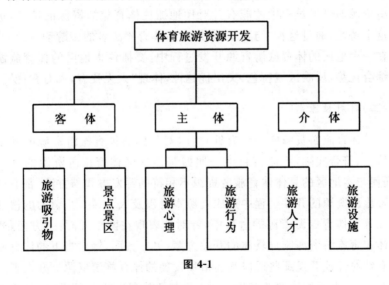

图 4-1

二、体育旅游资源开发的原则

(一)系统性原则

体育旅游资源开发将涉及此后该旅游资源的发展后劲,因此是一项全面的、系统性的工作,它所涉及的方面、问题较多,在体育旅游资源开发的过程中,必须做到系统全面。

综合来看,对体育旅游资源的系统规划一般涉及以下四个方面。

(1)体育旅游资源的数量、质量、特点、区位。

(2)体育旅游资源与其他因素的协调一致。

(3)体育旅游资源的市场大小,确定投资规模与力度。

(4)体育旅游资源的利益、可持续发展与利用的价值。

总之,在体育旅游资源的开发过程中,开发者应始终坚持系统性原则,进行总体规划,避免决策失误。

(二)突出性原则

一个地区与其他地区相比对体育旅游者更具有吸引力,一定有其与众不同的突出特点。

在体育旅游资源的开发过程中,不仅要对本地区的体育旅游资源进行深入分析,也要对其他地区的体育旅游资源进行整体的把握,能够从众多体育旅游资源中找出不同地区的体育旅游资源的相同点与不同点,如此在体育旅游资源的开发过程中才能有针对性地抓住体育旅游资源的特色,进而突出这个特色,通过这种"与众不同"来吸引体育旅游者的旅游动机。

在一个地区的体育旅游资源开发过程中,要抓住本地区的体育旅游资源的综合优势,反映区域特色,突出优越性,体现"人无我有,人有我优"。

(三)针对性原则

开发体育旅游资源应做到有针对性,对具体的体育旅游资源的开发要突出特点、符合实际,不能盲目地去照搬其他地区体育旅游资源的开发经验,任何与本地区的具体体育旅游资源不相符的开发方式与方法,都有可能在体育旅游资源的开发过程中造成资源本身以及人力、物力、财力的浪费。

在开发体育旅游资源的过程中,针对性表现在两个方面:一方面,要针对具体体育旅游资源制订具体的开发方案;另一方面,针对当下的体育旅游市场有针对性地开发那些适应当前市场发展的体育旅游资源。开发者要有市场意识,根据具体资源的基本条件,考虑可能产生的市场反应,并考虑该体育旅游资源对当前和未来市场的适应。

此外,开发大众化体育旅游资源,要有针对性地去考虑一般体育旅游者的能力。

(四)可进入性原则

可进入性是指体育旅游资源的所在地与外界的交通联系及其内部交通

条件的通畅和便利程度。

体育旅游资源必然会存在某一地域内,这也使其有了不可移动性的特点,体育旅游资源也因此会与潜在的旅游市场产生一定的空间距离,影响体育旅游资源的可进入性。

从体育旅游业的客观发展规律和现状来看,任何一个地域的旅游业发展都需要便利的交通条件作为保障,这也是其开发成功的重要环节。没有通畅的交通作为保障,即使拥有再好的旅游资源,也只能成为"谈资",无人"造访"。

现阶段,要进行体育旅游资源的可进入性开发,有必要加强体育旅游地区的基础设施建设,使体育旅游者来到该体育旅游地之后能够享受到生活中的便利,在此基础上享受到具体的体育旅游资源所能提供的身心愉快的体验与享受。这种为体育旅游活动开展所提供的便捷的基础设施与服务,是提高体育旅游地对外客流量吸引力的重要基础。

一个能长期在体育旅游市场中保持对体育旅游者有重大吸引力的体育旅游资源,必然是位于与体育旅游者的时空距离最短的体育旅游地域内,这样才能缩短体育旅游者的时间消耗,从而有更多的时间与精力去切身享受和体验具体的体育旅游项目与活动,才能真正获得良好的消费体验,这种消费体验还能形成一种体育旅游地的良好口碑与品牌宣传,从而吸引更多的体育旅游消费者来旅游目的地开展体育旅游活动。只有这样,体育旅游地才能不断地扩大旅游市场,提高地区旅游竞争力。

(五)效益性原则

体育旅游资源开发是一个系统性地且要不断投入物力、人力、财力的过程,这种投资并不是公益性的、无偿性的,必然要求一定的效益回报,具体包括以下三方面的效益。

经济效益的获得是体育旅游资源开发的一个最重要的目的,对于体育旅游市场中的市场主体来说,无论是个人还是集体,投入一定的资本,通过实施科学化的开发、经营、管理,主要目的是获得一定的经济收入,如果没有经济效益实现,那么就没有持续进行体育旅游资源开发的资本投入,体育旅游资源的开发很可能就变成是一次性行为,这对体育旅游资源的保护与管理也是极为不利的。当然,体育旅游资源开发不能过度功利化,在注重体育旅游资源经济效益实现的同时,要关注社会效益、环境效益。

社会效益是体育旅游资源开发应该重点考虑的一个问题,一个地区的体育旅游资源的开发不仅要促进当地的经济发展,还要促进当地的社会文化发展。

环境效益在体育旅游资源的开发过程中是必不可少的一项重要效益，体育旅游资源之所以对人具有吸引力，在很大程度上是因为其天生自然、不可再生，应把旅游资源视为一种人类共有的极其稀缺的资源，自然环境是很多体育旅游资源赖以生存的必要基础，保护环境应在体育旅游资源开发中得到重视。

（六）均衡性原则

从全国范围来看，我国不同地区体育旅游资源开发程度不同。当然，这在很大程度上是与我国地域广阔、不同地区经济发展水平不均有密切的关系。

具体来说，在我国各地区的体育旅游资源开发的过程中，开发程度最终都反映了当地的经济发展情况。我国大型综合城市具有良好的体育资源和经济实力，如北京是体育旅游资源开发最多的城市，沿海大城市次之。

对于我国经济欠发达地区，虽然体育旅游资源丰富，但开发有限。因此，针对全国范围内的体育旅游资源开发，应尽量兼顾不同地区的体育资源的分布，重视对经济欠发达地区的体育旅游资源开发，促进全国范围内各地区的体育旅游资源的开发与体育旅游业的均衡发展，并通过开发经济欠发达地区的体育旅游资源，推动当地的体育旅游经济发展。

（七）环保性原则

体育旅游资源的开发，其最终目的就是将其合理地利用，并发挥出应有的功效。对于一些开发的旅游资源来说，开发的本身就意味着一定程度的"破坏"。

体育旅游资源的开发在遵循自然规律的基础上进行合理的保护是体育旅游项目的生存根本。

开发体育旅游资源的过程中能否处理好保护与利用的关系显得尤为重要，没有开发的保护是没有根基的保护，没有保护的开发是不可持续的开发。体育旅游资源无论是依据自然资源而形成，还是依据人文资源而形成，都要将其原始风貌保留住，突出体育与自然、人文相结合，用发展的眼光去看待体育旅游资源的开发与发展，避免开发中的破坏。

在内容建设上，体育旅游资源的保护利用原则主要有以下两方面的要求。

（1）对于资源价值结构的景观项目要做到足够的控制和改变，仅仅将目标放在附属设施投资上，在改变旅游资源的可进入性的过程中一些不当建设可导致环境破坏，应予以重视，要以不破坏旅游资源的审美与愉悦价值为前提。

（2）在对体育旅游资源与旅游景观进行有限的开发时，也要注重其内涵、形式与资源的整体协调。

体育旅游资源的科学化开发应以"防"为主，以"治"为辅，"防""治"结合。

一方面，大力防范人为破坏。在体育旅游资源开发过程中，要时刻注重观察，及时发现问题，找到人为破坏体育旅游资源的根本原因，加强体育旅游资源开发者的保护意识，提高旅游者素质。对开发和建设的决策者、旅游业的经营者、当地居民加强宣传，只有所有人都意识到自然资源与人类文化遗产的重要性，了解人类生存与自然的关系，才能从根本上做到对体育旅游资源的保护。

另一方面，要充分运用法律、行政、经济和技术等方面的手段来加强对体育旅游资源的管理和保护。对于因自然原因而可能带来的危害，采取必要措施进行预防。因条件限制不易采取类似措施的旅游资源，及早治理。

三、体育旅游资源整合的策略

（一）统筹规划、系统设计

我国体育旅游资源丰富，要想促进体育旅游的长期、可持续发展，应重视体育旅游资源的综合开发与高效利用。做到体育旅游资源整合的统筹规划，形成一定的体育旅游项目开发的密集度，并和相邻地区合作，建立区域优势。

体育旅游产业具有很强的产业关联性和依托性，需要政府与行业协会等相关部门和组织的统筹规划、共同管理，政府体育部门和旅游部门应全面考虑，不能只抓一方面。

政府应做好以下工作。

（1）调查体育旅游资源所在地区生态环境，制定环保相关法律法规。

（2）合理布局本地资源开发和产业发展，促进体育旅游产业与环保协调发展。

（3）针对重要资源开发和重大项目建设，严格进行环境影响评价，及时跟进、重视检查验收。

（4）落实资源开发与项目建设环保追责。

各级专业部门应做好如下工作。

（1）重视生态环境治理和恢复。

（2）防止土地荒漠化和水土流失。

（3）做好水资源开发，确保群众生态用水。

（4）禁止破坏草场、植被。

（5）发展一批生态保护区。

（6）加强基础设施建设与生态环境保护监督管理。

体育旅游部门应做好以下工作。

（1）制定体育旅游自然生态环境保护条例。

（2）做好体育旅游资源开发各环节的监督工作，确保每一个开发环节都规范化操作。

（二）政府主导、市场导向

对于某一个地区或者是从全国范围来看，要做到体育旅游资源的整合开发、整合营销，政府在这一过程中发挥着非常重要的作用，也要重视市场的导向作用。

具体来说，要整合多种体育旅游资源，实现体育旅游资源的综合性开发与效益整合，政府应有必要做好前期投入、配套设施建设，重视政府在相关体育资源开发和体育旅游项目建设方面的扶持与培育工作。政府应该为西部体育旅游产品的开发做出以下努力。

（1）培育市场体系，规范企业行为和市场秩序，为从事体育旅游的企业提供公共服务。

（2）加强旅游宣传，激活体育旅游市场。

（3）培养专业体育旅游业各类人才。

（4）做好资源普查，系统规划，监督实施。

必须指出的是，政府在体育旅游资源整合过程中的主导作用是宏观的，体育旅游资源的整合是否有效合理还需要市场的检验，即必须符合市场经济规律，以市场为导向。

（三）突出特色、打造精品

体育旅游资源的整合应突出整合优势，突出特色，打造精品体育旅游文化区、精品体育旅游文化路线、精品体育旅游项目，彰显"人无我有，人有我优，人优我精"的特点。

体育旅游资源的开发与整合要突出特色，打造精品，应做好以下工作。

（1）全面调查分析，了解各类体育资源的优势，找准本地区同类或者互补的体育旅游资源区别于其他旅游资源的优势所在，保证特色的确立、持续与发扬。

（2）重视联动。重视体育旅游资源开发的联动效应,发挥体育旅游资源规模优势。

（3）拉动市场需求。在借助体育旅游资源群体效益的同时,突出其中的一两种体育旅游资源的开发主导,通过主推体育旅游资源打出市场知名度以后,再逐渐加入其他相关体育旅游资源的营销,在规模的基础上形成市场影响力。

（4）重视多种体育旅游资源整合在一起开发、管理、营销的科学化与可持续化发展。

（5）重视体育旅游资源与其他资源的整合,注重体育旅游产业与其他相关产业的联合发展。

第五章 体育旅游的人力资本
要素分析与管理研究

人力资本是 21 世纪社会中的巨大财富,这对于体育旅游业的发展也是如此。就我国来说,体育旅游人力资本本就稍显匮乏,高端体育旅游专业人才更是稀少,这对我国致力于大力发展体育旅游业来说是极为不利的。为此,对体育旅游人力资本这一要素进行分析与管理就显得非常重要。

第一节 体育人力资本要素概述

人力资源是构建强有力的组织的关键,这一观点已经成为人们的普遍共识。对于现代社会中的诸多行业机构来说,人才始终是重要的竞争力之一,他们是组织机构中的关键资产。就从事与体育有关的行业来说,更是非常依赖人才的作用,这其中涉及的人员很多,如运动员、教练员、活动组织者、体育营销者、体育管理者、体育旅游服务者等。尽管如此,目前关于包括体育旅游在内的体育领域中的人力资源管理的著作却不算多。在实际中,许多现代体育组织在多方面管理领域都有着喜人的建树和相对完备的策略,但对于人力资本这一要素上的管理往往不够重视。

现代体育组织面临的挑战越发增多,如市场快速变化、竞争日益激烈、资金投入增多、资金来源缩减、政策制度的变化等。为了应对这些挑战,体育旅游机构管理者除了必须要关注营销、财务等基本管理面外,还要关注对人的敏锐触觉,即要具备了解人的能力、价值、区别、顾虑和潜能的能力。一个从事体育旅游行业的企事业单位的成功,非常依赖管理者综合考虑多方意见来处理人力资源问题的能力。

现如今,有许多体育管理者对于传统管理模型非常满意,之所以如此,是因为传统模型更多关注的是可见的、易控的人力资源管理元素。当然,这么说并不是认为传统管理模型不好,而是想强调如果只是从传统的角度来看问题,对于体育旅游人力资源的运作与管理的看法角度就会显得单一和片面。摄影师有时喜欢用特写镜头来表达事物的细节,这样能让事物的细节以更丰富的形态展现出来,而这对于体育旅游行业的人力资源管理问题的窥视来说也是如此。任何在现代体育组织中工作的人都知道,政治和冲突是人际关系中自然的、不可避免的副产品。诠释模型,鼓励管理者从运动员、雇员和志愿者的角度来理解组织生活更深入的层面。从这一视角出发,重要的是理解组织成员的信念、价值观是如何对他们的行动和组织达成目标、适应变化的能力产生影响的。

传统模型和诠释模型得以让现代体育管理者能够理解人力资源管理的"硬件"和"软件",然而这还远远不能达到让人们看到现代体育中对于人力资源管理的完整图画。为此,还需要给视野安装上一个"广角镜",这就是批评模型。批评模型鼓励现代体育管理者客观审视现存的权力关系是怎样使某些人获益的,以及这种权力关系怎样随着时间的推移不断扩大,从而使另一部分人和群体被疏离。只有在此时,诸如员工剥削、工作环境安全、腐败、歧视等问题才被提出来。如果在人力资源的管理中不能很好地解决这些问题,其管理总是会有所损耗,效率也无法提升到让人满意的地步。

要想解决体育旅游人力资源管理的问题,上述三种模型缺少哪一个都不足以支撑管理。然而,更新的研究认为它们也并非绝对唯一的理解人力资源管理的方式。现代体育产业中的人力资源管理本就是非常复杂的问题,其牵扯到很多方面,因而只是关注从某一个单一角度入手来研究是不全面的。所以,现代体育管理者必须从几个角度来分析它。传统模型关注显而易见的方面,诠释模型关注更深层的人际关系,而批评模型关注被更深广的社会、政治、经济和历史条件所影响的权力关系的结果。在深入探讨三种研究人力资源管理的方式之前,重要的是定义人力资源及其管理是什么,它是怎样发展而来的,以及它为什么在现代体育管理过程中占有如此显要的地位。

第二节　体育旅游人力资本要素的获取

一、体育旅游人力资源获取系统

体育旅游人力资源获取系统的构成如图 5-1 所示,具体由招聘人员、获取中介、应聘人员以及内外部环境四大要素组成。

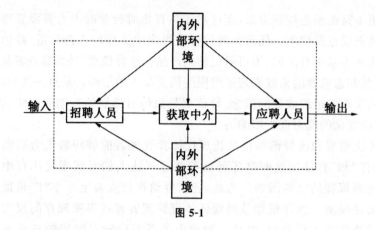

图 5-1

二、体育旅游人力资源获取的程序

体育旅游人力资源获取的程序可参考体育人力资源的获取步骤,如图 5-2 所示,也可参考企业构建人才招聘体系的流程,如图 5-3 所示。

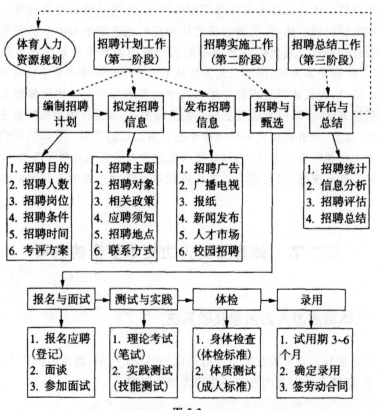

图 5-2

需要说明的是,由于体育人力资源的范围较大且各个企业的实际状况有所不同,因而其中的某些步骤和程序并不完全适用于体育旅游人力资源的获取,参考时一定要结合实际情况加以调整。从整体来说,体育旅游人力资源获取的几个关键环节如下。

(一)招聘决策

1.招聘决策的概念

招聘决策是指单位人事管理部门就招聘岗位所做的一系列决定。

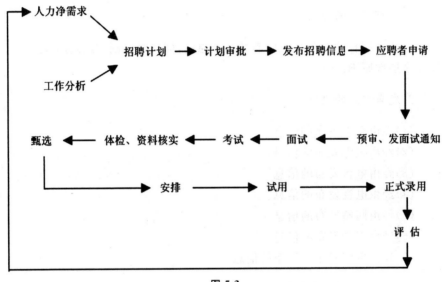

图 5-3

2.招聘决策的过程

招聘决策得以实施并完成需要通过提出招聘需求、识别招聘需求和决定招聘需求三个环节,这就是招聘决策的过程。

3.招聘决策的内容

(1)需招聘的岗位,岗位职责与要求,岗位招聘人数。
(2)招聘信息发布的时间,招聘信息发布的渠道。
(3)招聘测试工作委任部门。
(4)招聘资金预估。
(5)招聘结束的时间。
(6)新进员工入职时间。

(二)发布信息

1.发布信息的概念

发布信息是指将招聘信息传递给潜在的应聘受众的行为。对招聘信息的发布环节可以理解成选择招聘渠道和招聘方法的过程。不过,在对外公布所有的招聘职位前要首先在内部公布信息,以使内部工作人员有机会优先应聘,或由内部人员推荐人选,这是因为内部人员对职位情况有着相对更为深入的认识。

2.发布信息的原则

对招聘信息的发布来说应遵循几个原则,即及时原则、覆盖面广泛原则以及多层次原则。

3.发布信息的渠道

(1)经由杂志发布的信息。
(2)经由报纸发布的信息。
(3)经由电台发布的信息。
(4)经由电视发布的信息。
(5)经由网站发布的信息。
(6)经由布告发布的信息。
(7)经由新闻发布会发布的信息。

(三)人员的选拔与评价

在对人员进行选拔和评价的环节中,主要是通过初期的简历筛选工作和后期的招聘测试(面试)工作来完成的。

1.简历筛选

当招聘人员通过多种途径收集到应聘人员的简历后就可以开展筛选工作了。一些管理严格的机构在应聘时甚至会要求应聘人员填写统一格式的简历表,其优势在于可以为之后的筛选工作带来便利,使工作效率获得提升。

2.招聘测试

(1)招聘测试的概念
招聘测试是招聘方通过各种必要的且科学合理的方法对应聘者各方面

能力进行鉴别的方法。

(2)招聘测试的方法

常用的招聘测试有面试、笔试、心理测试、情景模拟测试、专业技能测试等。

(四)人事决策

1.人事决策的概念

人事决策的概念应从广义和狭义两个层面来进行。

广义的人事决策的概念是指和体育旅游人力资源开发以及管理存在关联的各方面决策。

狭义的人事决策的概念是指人事任免的决策。

2.人事决策的方式

人事决策的方式主要有数据资料综合研究会议法以及综合评价表法两种。其中,综合评价表法使用的表格可见表5-1。

表 5-1　体育旅游人力资源招聘中人事决策综合评价表

应聘人员编号		姓名		应聘岗位	
测评维度	综合成绩		评价		
纸笔测验					
心理测试					
情景模拟					
面试					
专业技能测验					

三、体育旅游人力资源获取中的面试

(一)面试概述

面试是在特定的时间和地点开展的目标清晰且事先设计好具体程序的谈话,以期使面试在观察和交谈的基础上尽可能全面掌握应聘者大体情况的人员甄选方法。对于一般的面试来说,面试组织者总是希望从中获得应聘者是否具备如下素质及其他相关状况和能力。

（1）参与面试者的风度。

（2）参与面试者的举止。

（3）参与面试者的表达能力。

（4）参与面试者的个人修养。

（5）参与面试者的求职动机。

（6）参与面试者的业务水平。

（7）参与面试者的工作经验。

（8）参与面试者的逻辑思维。

（9）参与面试者的反应能力。

（二）面试类型

在现代，较为流行的面试类型主要有结构式面试和非结构式面试两种。

1.结构式面试

（1）结构式面试的概念

结构式面试是指面试组织者以面试提纲为基础向应聘者提出问题，然后在分析应聘者的回答后评价应聘者的过程。

（2）结构式面试的优点

结构式面试的优点为有助于面试组织者全面掌握应聘者的个人信息，对面试的效率来说有较大的提升。

（3）结构式面试的缺点

结构式面试的缺乏在于缺乏一定的灵活性。

2.非结构式面试

（1）非结构式面试的概念

非结构式面试是指在面试中，面试组织者除了向应聘者提出已准备好的问题外，还会询问应聘者对于实际中的一些可能状况的主观看法，然后在综合分析这些回答后评价应聘者的过程。

（2）非结构式面试的优点

非结构式面试的优点为简单易行、灵活机动，面试地点和时间不会对面试过程产生影响。这对于面试组织者了解应聘者的心理状况非常有利，不仅如此，这种面试方式还能同时获得更多对评价应聘者有积极作用的信息。

（3）非结构式面试的缺点

非结构式面试的缺点为缺乏良好的结构性，对结果缺乏量化标准，对转移面试目标有负面影响。

3.混合型面试

(1)混合型面试的概念

混合型面试是指将结构式面试和非结构式面试进行结合使用的面试方法。

(2)混合型面试的优势

混合型面试的优点为不仅能提高面试者的面试效率,还能改善面试者的面试效果。

(三)面试内容

(1)言谈举止。

(2)语言表达能力。

(3)反应能力。

(4)精力和活力。

(5)求职动机。

(6)工作期望。

(7)工作态度。

(8)工作经验。

(9)专业技能。

(10)自我控制能力。

(11)人际交往能力。

(12)综合分析能力。

(13)兴趣爱好。

(四)面试程序

1.面试准备

(1)选择合适的面试考官。

(2)详细了解职位说明书。

(3)阅读应聘材料和简历。

(4)圈定面试人选的范围。

(5)确定面试人选。

(6)制订面试提纲和评价表(评价表格式可见表5-2和表5-3)。

(7)确定面试方法(一对一面试、一对多面试、主试团面试、结构式面试等)。

（8）确定面试时间、地点。

（9）通知应聘者面试时间、地点、注意事项等事宜。

表 5-2　面试评定表 1

姓名	性别	年龄	应聘职位
考察内容	得分	评价	
仪表风度			
求职动机			
语言表达能力			
情绪稳定性			
思维灵活性			
人际关系			
应变能力			
实际经验			
总分			
综合评语以及录用意见			
面试人	签字：　　　　　日期：		

表 5-3　面试评定表 2

姓名	性别		年龄		编号	
应聘职位		所属部门				
评价要素	评定等级					
	1（差）	2（较差）	3（一般）	4（较好）	5（好）	
个人修养						
性格特征						
健康状况						
进取精神						
求职动机						
语言表达能力						

续表

评价要素	评定等级				
	1（差）	2（较差）	3（一般）	4（较好）	5（好）
应变能力					
人际交往能力					
自我认知能力					
情绪控制能力					
工作经验					
综合分析能力					
专业知识储备					
评价	□建议录用		□可考虑		□建议不录用
用人部门意见：签字：		人事部门意见：签字：		单位领导意见：签字：	

2.面试实施

在实施面试的过程中需要完成如下工作任务。

(1)营造良好的面试氛围。

(2)向应聘者介绍单位和这次面试的基本情况。

(3)认真倾听应聘者对问题的回答,然后给予客观公正的评价。

(4)双方应全面讨论和职位相关的任何问题,允许双方各抒己见。

(5)如果只有一轮面试,则双方可就薪资待遇的问题进行讨论。

(6)如果双方遇到分歧,则应妥善商议和解决。

3.处理面试结果

(1)综合面试结果

综合应聘者的表现形成"面试结果汇总表",如果面试官是多人,则需要汇总多人的意见形成汇总表。根据最终评审结果,妥善选择应聘者。需要强调的是,对于最终确定的人选,应着重分析其发展潜力、应聘者和本单位发展需求等契合度。通常情况下,最终是否录用应聘者由应聘职位所属部门的负责人与人事部负责人共同商量决定。

（2）面试结束的反馈

将面试选择结果反馈给用人部门，由人事部与用人部门共同决定是否最终录用。

（五）面试效率

面试是一项需要为此投入一定资源的工作。为了缩减面试的成本，提高面试效率，就需要了解面试过程中的注意事项以及一些需要回避的问题。

1.注意事项

（1）面试要有明确的目的，并且面试者要隐藏自己的观点、态度甚至表情。

（2）合理把控面试时间与进程。

（3）提问环节要简单明了。

（4）合理运用开放式问题，以此更能了解应聘者的主观思想、应变能力和表达能力。

（5）不要轻易打断应聘者的回答。

2.需要回避的问题

（1）第一印象。

（2）刻板印象。

（3）负面效应。

（4）压力效应。

（5）晕轮效应。

（6）相似效应。

（7）次序效应。

（8）趋中效应。

第三节　体育旅游人力资本要素的配置

一、体育旅游人力资源配置的概念

体育旅游人力资源配置是指在一定经济发展目标下对体育旅游人力资源在地区、部门及不同使用方向上的分配，以期在体育旅游经营与管理中实现人、物、财、信息、时间等重要因素的优化整合及这些要素功能的充分发挥。体育旅游人力资源的配置有宏观、微观和个体三个层次的配置方式组成。

二、体育旅游人力资源配置的原则

(一)适才适位原则

通过体育旅游人力资源配置的目标可知,只有保证体育旅游人力资源配置到恰当的岗位并且与之完全融入,才能调动人才的工作积极性,工作才有兴趣和动力,这对于提升工作效率来说至关重要。只有将适合的人才安排到适合的岗位中去,才能使工作效率得到大幅度提升,才能将体育旅游人力资源的实际价值发挥得淋漓尽致,才能对我国体育旅游的发展注入巨大发展动力。如果体育旅游人力资源与岗位匹配不当,则不论是对人才还是对岗位任务来说都非常尴尬,即不是表现出人才的能力无法胜任岗位要求,就是表现出岗位之于人才的屈才效应,造成人才浪费。

(二)动态原则

对于体育旅游人力资源的优化配置是一项长期的工作,在短期内要想见到立竿见影的效果并不容易。现如今的社会是置于各方面发展快速、时代持续进步、知识更新加快、新兴学科日益增加、各学科间交叉程度不断加深的大背景下。如果从过去的眼光来看现在的配置,应该说还是较为合理的,但快速发展变化的趋势决定了这种合理的配置远远没有达到预期,即现在看来合理的优化可能再过不久的时间就不再具备优势,甚至开始落后。那么,基于这种现实情况,就需要体育旅游人力资源的配置行为也要呈现出动态发展的态势。

体育旅游在我国是于近些年来呈现出爆棚发展态势的,其发展速度之迅猛,使得其对相关人才的要求也在提高,甚至会在行业细分中产生出更加细化、需要更加专业的人才才能就任的新岗位。如此就使得过去一批人力资源不再适合新岗位的要求,因而就有必要对体育旅游人力资源实施重新配置。这就足以显现出体育旅游人力资源配置过程中的动态原则,它要求摒弃始终保持原有配置模式的思想,追求的是与时俱进式的动态配置。

(三)合理使用原则

从经济学的角度来看,所谓的合理使用人力资源,实质上就是力求最佳的投入产出比,为此就需要对投入方向有清晰的认识且科学配置不同类型的资源,在同一时间内达到分配公平和提升生产效率的双重要求,确保经济产出始终处于稳定状态。这其中有一点值得注意的是,要正视经济效益和社会效益的特征差异,为此需要凭借特定形式将经济效益与社会效益充分反映出来。如此一来,对体育旅游人力资源的合理使用就要尽最大努力协调好宏观要求与微观要求的关系以及经济效益与社会效益的关系,最终顺利达到效益最大化的目标。

(四)提高效率原则

就包括体育旅游人力资源在内的各种人力资源的利用来说,高效利用总是被提及。通常情况下,大多数对人力资源的利用都不会是百分百的效率,效率损耗总是不可避免的。为此,对人力资源的运用来说,如何提升使用效率就成为一项亟待解决的问题。体育旅游产业的发展非常依赖丰富的人力资源,因而应将本就非常宝贵的人力资源发掘出来,培养行业人才,并最大化合理利用这些人力资源,同时还要想方设法避免人才的流失和浪费。

三、体育旅游人力资源配置的机制

体育旅游人力资源配置经历了计划经济阶段、经济转型阶段以及市场经济阶段三个阶段,这三个阶段的配置机制如下。

(一)计划配置机制

1.体育旅游人力资源计划配置机制的系统

在计划经济时期,我国在体育旅游人力资源配置方面主要采用的机制是政府包揽型,资源配置的供给主体是体育行政主管部门,各个级别的用人单位、体育旅游人力资源部门都没有自主权。这种配置的一次性特征和终身性特征相对显著。计划经济时期体育旅游人力资源配置的系统和运行机制如图5-4、图5-5所示。

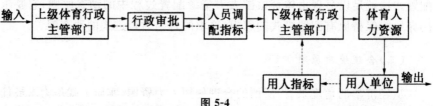

图 5-4

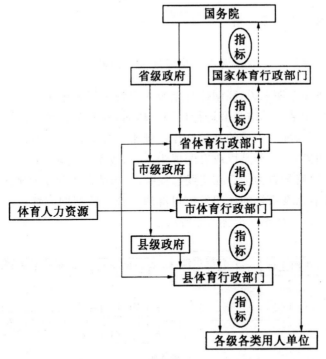

图 5-5

2.体育旅游人力资源计划配置机制的特征

计划经济阶段体育旅游人力资源配置机制的特征是:配置主体的单一性特征、配置手段的行政性特征、配置的政治倾斜性特征。

3.体育旅游人力资源计划配置机制的评价

(1)优点

①为统一指挥和统一规划提供了很大便利。

②有助于宏观调控体育发展规模。

③人才具有可调控性。

④从某种程度来说,可以为人才培养方向以及人才培养质量提供保障。

(2)缺点

①不公和腐败现象确实存在。

②反馈速度慢,信息真实性差,会对人才配置与调控速率有负面作用。

③人才流动速率慢,人才浪费严重。

④对体育的社会化进程快速推进有负面作用。

（二）转型期配置机制

1.经济转型期体育旅游人力资源配置机制的系统

就经济转型期来说，我国体育旅游人力资源配置中主要采用政府配置和市场配置相结合的结合型运行机制。然而，政府配置所占比重呈现出下滑趋势，而市场配置模式的基础性作用越来越显著。结合型运行机制主要有两种运用模式：一种是以政府配置为主，市场配置为辅；另一种是以市场配置为主，政府配置为辅。在实践过程中，应当结合实际状况来运用这两种模式，将政府以及市场的作用发挥得淋漓尽致。转型期配置机制的系统结构以及运行机制如图5-6、图5-7所示。

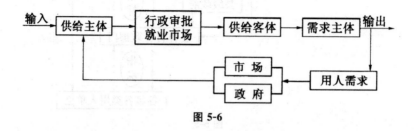

图 5-6

2.经济转型期体育旅游人力资源配置机制的特征

（1）配置主体的多元性特征。
（2）配置的行政性与市场性并存。

3.经济转型期体育旅游人力资源配置机制的评价

（1）政府干预过多，未将市场的作用发挥得淋漓尽致，不利于充分调动社会各界人士充当参与者的主观能动性。
（2）配置主体及调控主体不明确。
（3）市场配置体系不健全，市场秩序混乱。
（4）计划配置中的某些弊端依旧未能彻底消除。

（三）市场配置机制

1.市场经济下体育旅游人力资源配置机制的系统

在市场经济条件下，主要通过价值规律、供求关系、价格杠杆等来进行体育旅游人力资源配置调控，具体的配置系统如图5-8所示。

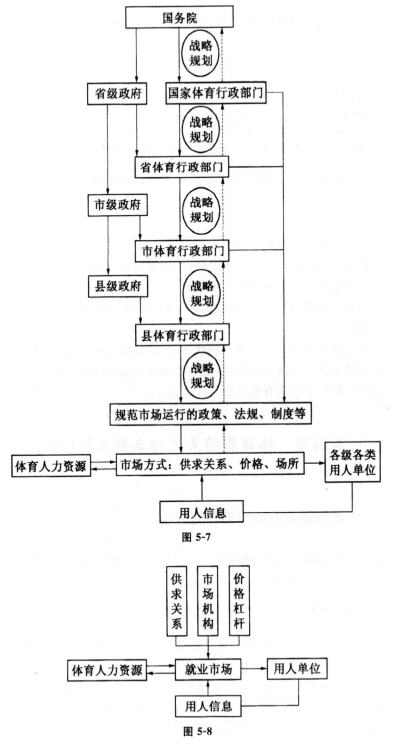

图 5-7

图 5-8

2.市场经济下体育旅游人力资源配置机制的特征

(1)具有十足的市场基础性。

(2)主体具有多元性。

(3)过程具有集约性。

(4)结构与社会需求具有相对一致性。

3.市场经济下体育旅游人力资源配置机制的评价

对于体育旅游人力资源市场配置机制的评价要从优点和缺点两方面进行。

(1)优点

①在一定程度上减轻了国家负担。

②体育部门的管理日益完善,实际效益也以可喜的速度增长。

③平均主义得到了一定程度的缓解。

④对社会资源的利用更加高效,人才配置调节速度明显增加。

(2)缺点

①人才过于呈现出单向流动的状态,导致分配有所失衡。

②如果是在经济落后的地区,则有损体育旅游的健康发展。

③在一定程度上会有损社会整体利益。

第四节　体育旅游人力资本要素的培养

一、体育旅游人力资源培养的现状

要想洞悉目前我国体育旅游人力资源培养的现状,需要从对其的培训次数、类型和内容三方面入手进行研究。

(一)培训次数

如图 5-9 所示,体育旅游经营单位对体育旅游从业者的培训的次数非常少。数据显示,有82%的机构没有组织过相关培训活动,由此认为对于体育旅游人力资源的培养问题及其连带的意义和价值都没有得到机构的重视。其他数据显示,每年安排一次培训的机构占 11%,安排两次培训的占7%。通过这组数据图可以了解到,目前我国体育旅游人力资源培训的次数较少,远远不能满足相关人力资源培养的需求,培训质量也值得怀疑。可见,从事旅游的机构在培育相关人才的意识层面还有很大的提升空间。

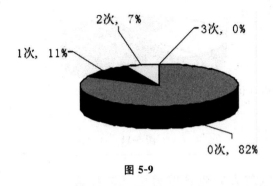

图 5-9

(二)培训类型

如图 5-10 所示,在安排人力资源培训的体育旅游单位中,各个单位的培训类型存在着或多或少的差异。具体来说,有 62% 的旅游单位为员工安排了岗前培训,只有 12% 的单位对员工进行在职培训,安排一体化培训(岗前、在职等)及涉及其他类型培训的旅游单位分别占 19% 和 7%。综合分析调查结果不难发现,体育旅游单位高度重视岗前培训,如此对体育旅游人力资源适应性的增强有积极作用。

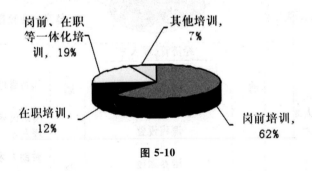

图 5-10

(三)培训内容

对于体育旅游人力资源培训而言,体育旅游人力资源的业务常识培养、专业素养培养、知识拓展能力培养、实践操作能力培养等都是缺一不可的,如此才能使人力资源的各项业务素养都获得大幅度提升,使体育旅游人才的工作效率得到大幅度提升。从图 5-11 来看,涉及这些培训内容的旅游单位占一定的比例,绝大部分旅游单位更注重业务常识与专业素养的培训,知识拓展等其他方面的培训还未获得旅游单位的高度重视。

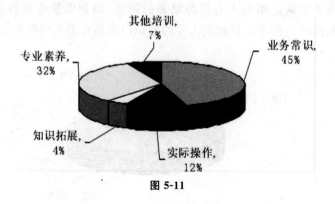

图 5-11

二、体育旅游人力资源培养模式的构建

体育旅游业是构成体育产业的重要部分。构建体育旅游人力资源培养模式的过程中，可以借鉴体育产业人力资源培养模式的构建流程，如图5-12 所示。

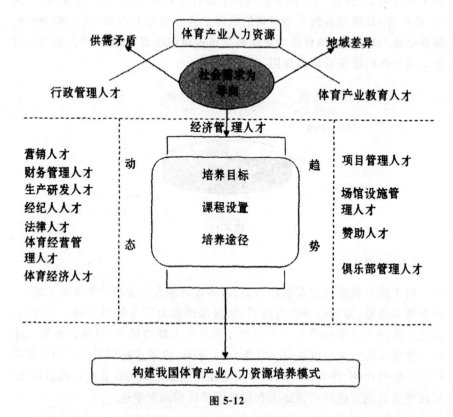

图 5-12

从图 5-12 中可知,应该从以下三个方面入手构建体育旅游人力资源培养的模式。

(一)明确培养目标

制订一个明确的体育旅游人力资源培养目标是一切培养活动的开端,因此这是非常重要的环节。为此,在制订目标时要紧密围绕我国体育旅游的发展需求和人们社会生活实际,务必做到不脱离事实,并且要准确把握体育旅游快速发展对人才提出的具体要求,力争培养出具有专业化的全面型体育旅游人才。

(二)科学设置课程

科学设置课程对于体育旅游人力资源的培育非常重要,这解决的是学什么的问题。因此,下列几种课程就相对适合这方面人才的培养。

(1)必修课。

(2)基础课。

(3)选修课。

(4)公共课。

(5)专业基础课。

(三)丰富培养途径

目前,我国体育旅游产业蓬勃发展,始终处于发展中的产业不断发生着变化,这些变化使得对相关从业人员的能力提出了更高的要求。也就是说,对这些人才的培养不能停止,即便是那些已经从业的人员,也要定期进行培养,以使他们不被发展中的行业淘汰。基于这种情况,就必须严格把好人才质量关,选择并运用更加多元化的手段开展各项培训活动,培育更多综合素质较高的专业人才,以此满足市场用人需求,如此才能从根本上解决体育旅游产业人才短缺和受这一问题影响的产业发展速度受限的问题。

三、提高体育旅游人力资源培养质量与效果的策略

(一)提高管理者、经营者和教育者的认识水平

要想从根本上提高体育旅游人力资源培养的质量和效果,首先应该改变的是行业经营者、管理者和相关教育者对所从事的行业的根本认识,其次应致力于自觉参与人才教育制度的完善工作,同时以此为指导加大体育旅

游人力资源的开发深度。

(二)注重发挥高校人才培养功能

我国的高校是最高教育机构,肩负着培养社会各方面建设人才的重任。体育旅游作为当下非常热门的产业,急需一大批兼具过硬理论素养和实际操作能力的人才,这就需要高校在人才培养方面发挥其本有功能。

高校除了在培养人才方面要勇挑重担,而且在人才的再教育领域也要走在前列。为此,高校要适当加大体育旅游中高层管理人才的培养力度,开展再教育的形式如在职攻读、在岗培训、脱产培训等。多种培养理念和方式的结合注定能为体育旅游发展所需人才的培养做出贡献。

(三)完善岗位培训制度

要想提高体育旅游人力资源培养质量与效果,需要完善岗位培训制度,科学建立体育旅游人力资源的同步成才机制。具体来说,应致力于多个层面推进岗位培训工作,进一步对现有的岗位制度进行完善和优化,这样有利于增加体育旅游市场的规范化程度,也为推进体育旅游人力资源的优化配置进程注入动力。

第六章　体育旅游的安全保障
要素分析及构建

近年来,我国体育旅游安全事故的发生呈上升态势,而且这些安全事故具有突发性、复杂性、紧迫性,影响极其恶劣,这严重制约了我国体育旅游活动的正常开展及旅游业的健康发展。因此,加强体育旅游安全管理,构建体育旅游安全保障体系势在必行。本章主要就体育旅游的安全保障要素及其构建进行研究,首先分析体育旅游安全问题,其次探讨体育旅游中常见的伤害事故与处理方法,最后重点研究体育旅游安全保障体系及要素的构建。

第一节　体育旅游安全问题及分析

一、一般旅游安全问题与体育旅游安全问题

(一)一般旅游安全问题

旅游业具有综合性、复杂性特征,涉及的部门和行业非常多,在各种社会因素与自然因素的影响下,现代旅游业中存在很多明显的不安全因素或潜在危险因素,旅游风险可能潜藏于旅游活动的各个环节中,旅游中的各种安全问题不仅会影响参与旅游的当事人,而且对潜在旅游者也有间接影响,即潜在旅游者在目的地选择与决策行为中会受到影响。旅游风险的来源可能与旅游活动的组织者、参与者有关,可能与旅游地的自然或社会环境有关。旅游中常见的安全问题大概包括以下几种。

1.旅游犯罪

旅游犯罪是一种非常复杂的社会现象,其随着旅游活动的开展而出现,这是对国家法律规范的挑战。

旅游犯罪的概念可以从广义与狭义两个层面来解释。从广义层面上来看,旅游现象中的所有犯罪行为都属于旅游犯罪,既包括旅游主体的犯罪,也包括社会上有关旅游活动的犯罪现象。从狭义层面上来看,旅游过程中围绕旅游者而产生的犯罪现象就是所谓的旅游犯罪,既包括旅游者自身犯罪,也包括他人针对旅游者所做出的犯罪行为。[①]

现阶段,在旅游的相关研究中,旅游与犯罪的关系是研究的热点问题之一,旅游犯罪也因对旅游安全的重大影响而备受关注,旅游者的安全(生命、财产)在很大程度上会受到旅游犯罪的影响。通过分析与整理旅游犯罪的相关数据和信息发现,旅游犯罪主要有三种类型,分别是旅游中的暴力犯罪、旅游中的性犯罪及对旅游者财产进行侵害的犯罪,其中最后一种旅游犯罪最为常见,主要犯罪形式是诈骗和盗窃。

2.交通事故

在旅游业的运行过程中,包括交通安全在内的交通问题对其有着非常重要的影响。交通事故是很常见的旅游安全问题之一,包括航空事故、道路交通事故、观光车事故、水难等。在我国,高速公路是交通运输的主力,据相关统计显示,我国高速公路的通车里程数排在世界前列,全国大部分的客运和将近一半的货运都是由高速公路所承担的,高速公路车流多、车速快,存在着巨大的安全隐患,每年都有一些严重的交通事故是出现在高速公路上的。

3.疾病

旅游者离开常住地外出旅游,很可能会因为旅途疲劳、不适应旅游地的环境而出现疾病,如呼吸道感染、急性肠胃炎等。此外,因为食物卫生问题而造成的食物中毒事件在旅游业中也是比较常见的安全问题之一。

4.自然灾害

在旅游活动中,有时会因为一些不可控的自然因素如洪水、天气等而引起自然灾害,这在旅游业中也是比较常见的一类安全问题。旅游中的自然灾害有以下几种常见表现形式。

(1)对旅游设施造成破坏的自然灾害。

(2)对旅游者生命健康有严重影响的自然灾害。

(3)旅游者因接触野生生物等而发生的危险事件。

---

① 李锦.体育旅游安全研究[D].长沙:湖南大学,2013.

（4）旅游者因自然环境因素而发生疾病。

在低温环境或沙漠中旅游,旅游者很容易感到疲乏,没有食欲和好的睡眠;在海滨地区旅游,鲨鱼、鳄鱼咬人事件时有发生;在森林中进行探险旅游,旅游者也容易被毒蜂、毒蛇咬伤;再加上台风、洪水、沙尘暴、地震等难以预料的自然灾害,这些都会给旅游者的身心健康或财产安全造成严重损害。

（二）体育旅游安全问题

体育旅游安全问题指的是体育旅游者及体育旅游从业人员在体育旅游活动过程中所遇到的安全问题。高危性运动项目比一般运动项目更容易发生安全问题,而且问题更严重。常见的高危运动项目有蹦极、射箭、漂流、潜水、热气球、攀岩等,这些项目的共同点在于都具有很突出的专业性、技术性,都很危险,而且对安全保障有较高的要求,参与高危运动项目的旅游活动时要特别注意安全防范与安全救援。

相对来说,球类、田径类、舞蹈类、武术类等一般运动类项目中发生的安全问题不是很严重,常见的安全问题有擦伤、摔伤、扭伤、中暑、肌肉拉伤、肌肉劳损等。但体育旅游安全事故则不同,其具有以下几个特征。

1. 空间多发性

体育旅游安全事故常常发生于旅游途中或旅游目的地,事故发生的空间范围广,而且往往会给旅游者带来很大的危害。在旅游途中发生的安全事故以交通安全事故最为常见,这类事故一般都是按交通事故处理,也就是根据情况对涉事车辆、相关单位进行处理。有些安全事故发生在参与体育旅游项目尤其是高危性项目的过程中,参与过程中发生安全事故与旅游者自身健康状况、旅游设施、活动环节设计等很多原因有关。有时体育旅游者在饮食、住宿中也会发生安全事故,如食物中毒、在酒店住宿时财物被盗等,这主要与食品卫生、酒店管理等因素有关。除此之外,还有一些安全事故也是体育旅游中比较常见的,如在旅游中遇到购物陷阱,旅游者与他人发生口角、肢体冲突等。

2. 周期性

旅游旺季是旅游安全问题发生频率最高的时候,体育旅游安全事故同样也具有这方面的特征,"五一""十一""春节"等假期经常发生旅游事故,所以在节假日参与体育旅游活动时要特别注意安全,或者尽可能避开旅游的高峰期。

3.危害严重程度不等

体育旅游事故有轻有重,判断事故的严重程度主要看它带来的危害性,有的事故带来的危害很小,如旅游途中临时改变旅游路线,旅游者感到心情不好,但因为最终的目的地没有改变,旅游者可以顺利到达自己想去的地方,所以这对旅游者没有造成实质性的伤害,这种事故就是小事故。相反,有的事故如重大交通事故、自然灾害、犯罪等会给旅游者的生命安全或财产安全带来严重的危害,这些事故就是大事故。

4.事故处理方式多样

体育旅游中的安全事故复杂多样,因此要灵活采用不同的方式来处理这些事故,常用的处理方式有投诉、诉讼、仲裁、行政处罚等,根据事故的不同性质、特征及危害程度恰当选用一种或几种方式进行妥善处理,能够对旅游者或相关单位的合法权益予以最大限度的保护。

二、我国体育旅游安全现状分析

(一)体育旅游安全法律法规建设与实践发展不同步

在体育旅游安全保障系统中,法律法规是最基础的因素和子系统,这一基础因素对其他子系统的建立起到重要的规范作用与指导作用。现阶段,美国、日本等旅游发达国家针对体育旅游安全问题而建立了较为完善的法律制度,制度包含各个层次,对有关部门的管理权限、职责与义务做了明确的规定,还发布了一些操作性极强的手册与指南来促进制度在基层的落实,以从制度层面保障体育旅游安全。

反观我国,虽然已有《中华人民共和国体育法》《中华人民共和国突发事件应对法》《中华人民共和国旅游法》等法律,但这些都不是专门为解决体育旅游安全问题、保障体育旅游安全而出台的法律。也就是说,专门的体育旅游法律法规建设还处于缺失状态,只有一些零散的法律法规或行政规章中出现了关于体育旅游安全保障方面的条例,体育旅游法律法规缺乏全面性、系统性,而且也不够权威,这与我国体育旅游实践发展现状是不符的,法律建设滞后于实践发展。

(二)旅游保险的作用没有得到充分发挥

当前,我国旅游业发展势头强劲,呈现出欣欣向荣的态势,但旅游保险没有随之快速发展,并且严重滞后。我国旅游保险主要有"旅行社责任险"和"游客人身意外险"两种类型,前者对应的是因旅行社过失而给旅游者带来的损失,后者对应的是因不可抗力因素(自然灾害等)而给旅游者带来的损失,有时旅游者因在旅途中丢失了行李、旅行外出后家庭财产遭窃而蒙受的损失也在人身意外险的保障范围内,当然这是个别保险公司的情况。

作为体育大国、世界旅游大国的中国,虽然体育旅游的发展步伐在加快,但体育旅游保险的发展严重落后,保险应有的作用没有得到充分发挥。随团参加体育旅游的旅游者基本都是由旅行社为其办理保险,而通过其他形式参加体育旅游的旅游者很多都没有主动购买保险的意识,在无保险状态下外出旅游的游客非常多。中国人民财产保险公司表明,我国体育旅游市场每年至少应有 30 亿元保费潜力,但保险市场中有绝大部分还没有得到开发。[①] 旅游保险的作用得不到发挥导致我国体育旅游安全保障体系不完善,并直接制约了我国体育旅游的持续稳定发展。

(三)还未建立与国际接轨的体育旅游安全保障机制

在我国体育旅游的发展中,要解决安全问题,提供全方位的安全保障,必然需要政府多个职能机构的共同参与,但目前很多职能机构都没有意识到自己在这方面应该承担的职责与履行的义务,因此也没有积极与主管部门配合,导致我国体育旅游安全保障机制一直处于不完善状态,更谈不上与国际接轨。

三、影响体育旅游安全的主要因素

(一)认知因素

认知因素是影响体育旅游安全的主要因素之一,这里既包括体育旅游者的认知,也包括体育旅游从业者的认知。

1.体育旅游者认知水平低下

体育旅游者的性别、年龄、受教育程度、经济收入水平等个人因素对其安全认知水平具有直接的影响。

从性别与年龄因素来看,青少年群体与女性群体对风险的感知能力基本处于同一水平;青年群体因为体力好,精神状态佳,而且喜欢刺激与冒险,

---

① 孙延旭.中国体育旅游安全保障体系构建研究[J].现代商业,2012(34):70-72.

所以很容易疏于防范,感知风险的能力一般;中老年人心理成熟,社会经验比较丰富,所以感知风险的能力处于较高水平,他们外出旅游很关心旅游地环境与活动设施的安全情况。

从受教育程度因素来看,旅游群体对风险的感知能力与其学历水平有一定的关系。一般来说,学历水平越高的群体对风险的感知能力越强,因为高学历人群对社会事物的认识比较全面、透彻,善于发现潜在风险,参与旅游活动时也很谨慎,戒备心较强。

从经济收入水平因素来看,中等收入群体相对而言对风险的重视程度超过低收入群体和高收入群体,中等收入人群在日常生活中养成了精打细算的习惯,所以外出旅游很会有意识地去识别可能存在的风险。

总体来说,我国体育旅游者的安全认知水平较低,主要体现在以下几方面。

第一,体育旅游者缺乏安全意识,对旅游安全问题不够重视。体育旅游者大都是为了放松身心与追求精神享受而参与旅游活动的,正因如此,他们才会在旅游过程中放松警惕,忽视对不安全因素的防范,从而大大增加了安全问题发生的概率。例如,2006年5月,来自北京的30多名游客在内蒙古库布齐沙漠探险的过程中迷路,最终一名女孩不幸遇难,酿成惨剧。据相关报道,没有做好充足的探险准备、缺乏技术经验、不了解沙漠探险的危险性是造成此次事故的主要诱因。可见,体育旅游者安全意识薄弱是不可忽视的问题。

第二,体育旅游者缺乏对旅游安全内涵的正确认识,对"哪些环节容易发生旅游安全问题"的认识与判断存在偏差。一些旅游者认为只有财产损失、生命受到威胁才是安全问题,而精神损失、名誉损失等不属于安全问题;还有一些旅游者只意识到在旅途、游览和住宿中可能存在的安全隐患,而在其他旅游环节则忽视了潜在的危险因素。对体育旅游安全片面和错误的认识导致体育旅游者在整个旅游过程中缺少防范意识。

第三,体育旅游者的旅游经验不足,缺乏必要的知识与技能,如过高地估量自己的体质和运动技能水平,导致在做一些高难动作时出现失误而受伤;不熟悉旅游地的天气、地形等情况,盲目追求挑战大自然的刺激与快感,在自身力量无法与大自然力量相抗衡时不可避免地会出现安全问题。

第四,体育旅游者在旅游前没有做好充分的准备,没有主动去了解旅游地的社会环境和自然环境,不清楚哪些路线上的安全隐患多,哪些道路安全隐患少,以至于因路线规划不当而遇到障碍。此外,旅游者不了解旅游目的地的语言、文化背景、传统习俗等也对其旅游活动的顺利进行造成了阻碍。

第五,体育旅游者在没有做好充分的身体准备的情况下就贸然外出旅游,有些甚至带病出游,加上旅途劳累与水土不服,旅游者身体健康受到严重影响。此外,部分旅游者在旅游途中过分透支身体,不注意调节,不懂得适可而止,最终积劳成疾,出现严重的健康问题。

2.体育旅游从业人员的安全认知能力较差

体育旅游从业者的专业认知能力直接关系到体育旅游者的安全。现阶段,我国体育旅游市场缺少专业人才,现有从业人员的综合素质较差,缺乏良好的安全认知能力及管理能力,这对体育旅游安全及旅游业的快速发展造成了阻碍。

体育旅游从业人员安全认知能力较差的问题主要体现在以下几个方面。

第一,体育旅游从业人员安全意识培育现状不容乐观,培育内容枯燥、培育形式单一、缺少可操作的培育计划等问题普遍存在。

第二,旅行社不重视对工作人员安全管理技能的培养,有些培养活动只是流于表面形式,不注重实质内容,导致从业人员缺乏安全意识和应对风险的能力。

第三,旅游从业人员的准入门槛低,有关部门及行业协会不重视对从业人员安全技能方面的考核,而且也不干涉旅行社对从业人员的安全教育。

(二)法规制度因素

1.政策法规

目前,我国有关体育旅游安全的规范条例或指导意见只是出现在一些地方立法或部门规章中,而且这方面的内容也只是极少涉及,没有专门针对体育旅游安全问题及其他问题而制定法律法规。国家体育总局针对体育旅游项目而制定的行业规范也只是涉及少数几个项目,如飞行类动力伞、滑翔伞、登山等,大部分旅游项目的行业规范暂时处于缺失状态。我国一些省市制定了有关体育旅游项目的地方法律,但这些法律不是囊括所有体育旅游项目的,不是对所有项目都具有规范作用与指导意义的,如广东省和吉林省制定了高危体育项目管理办法、西藏自治区和四川省制定了登山管理办法等。这些法律政策有明确的服务对象,不具备普遍意义,所以体育旅游安全管理依然缺乏法律保障。

2.管理制度

体育旅游项目繁多,活动形式多样,如果所有旅游项目都由一个部门统一管理,则必然会给管理部门带来很大的压力,也会影响管理效果,所以我国在体育旅游管理方面实施多部门分工管理、必要时有关部门协同管理的措施。例如,航空项目、汽车比赛类项目由体育部门负责管理,体育观光、休闲娱乐旅游项目由旅游部门负责管理,而像球迷旅游这样没有明确管理部门的活动一般由社会相关部门协同处理其中的安全问题。需要注意的是,我国体育旅游的多头管理体制存在一定的弊端,如容易出现管理混乱,难以平均分配职责,对于球迷骚乱这样的安全事件很难在第一时间及时处理好等。

此外,很多体育旅游项目都没有被明确规定具体由哪一部门管理,有关部门在责任划分上也不够明确、合理,所以在出现具体的安全问题时,无法及时按流程迅速解决,有关部门互相推脱责任,最终需要体育部门、旅游部门及行政机关相互协调才能处理,这不仅拖延了处理时间,也造成了不必要的资源浪费。

我国体育旅游管理基本上以政府部门管理为主,社会相关组织机构较少参与,而且政府管理中也没有与体育旅游市场密切结合,没有深入系统地研究国外先进的体育旅游管理技术与经验,这导致我国体育旅游安全管理工作的开展面临很大的困难。

3. 监督机制

在政府职能发生转变、市场经济体制不断健全的当下,旅游业的高速发展对旅游安全管理提出了新的要求,传统的安全管理体制已无法适应新的市场环境及满足新的市场要求。当前,我国各级政府安全监察人员的配备率很低,和英国、美国相比还有很大的差距,我国旅游业监督机制的构建严重滞后于旅游业的实践发展。我国体育旅游行业监督机制不健全的问题具体从以下几方面体现出来。

(1)安全监管执法机构不健全

根据国家有关政策和法规,除旅游局和体育局外,体育旅游业尚有其他主管部门。例如,在可以开展体育旅游项目的地区,其主管部门主要包括体育部门、旅游部门、建设部门、林业部门、园林绿化部门、水务部门、环保部门、消防部门等,这些共同形成了体育旅游安全管理的外围机构群体,能有效地抑制体育旅游安全问题的发生。但这样也容易因主管机构多且分散而形成多头管理和管理的"真空地带",从而影响管理的效率。此外,体育旅游行业内部也缺乏专门的安全管理人员,这个问题在体育旅游俱乐部中尤为严重。

总之,我国体育旅游行业安全监管执法机构不健全,基层体育旅游管理部门缺少专门的安全监管机构,这种体制上的缺陷和不足势必会对旅游行业的安全造成严重影响。

(2)安全监管缺乏主动性

目前,无论是体育局还是旅游局,对体育旅游行业的监督主要是应急预案,但是在实际检查过程中存在严重的失职现象,并没有履行岗位职责或承担起相应的监管责任,从而影响了监管工作的效率,严重失信于体育旅游的参与者。此外,目前全国各级省市部门的体育局或旅游局都没有设立一个针对体育旅游项目的检查单位,一般都是按照相应的项目自己组织、检查,督查效果不理想。

(3)内部沟通缺乏联动性

在体育旅游安全管理的实际工作中,各级体育、旅游行政管理部门之间缺乏沟通与协调,特别在实施管理时缺乏联动机制,最终影响了管理效率。

(三)管理因素

1.政府管理滞后,管理松动

目前,体育部门除了对高危性体育运动采取较为严格的审批程序外,对其他大众化体育旅游项目的审批并没有严格把关,对休闲体育运动项目的审批已经逐渐放开,而且审批程序也很简单。另外,很多部门在体育旅游项目管理上出现交叉管理和模糊管理,也就是可管可不管的局面,而且很多项目的管理只是作为一般性经营活动的形式接受政府和社会机构的管理,管理标准没有专门性和针对性。

2.管理机制不健全,管理操作不规范

目前,我国体育旅游管理机制还不完整,所以出现了很多违法操作和不规范管理等问题。另外,因为体育旅游业是综合性产业,包含的项目广泛,其发展更需要各部门的协作,但在体育旅游管理实践中往往会出现令出多门、管理混乱的现象。

3.在经济利益的驱使下淡漠管理

在经济利益的驱使下,我国在体育旅游经营中存在淡漠管理的现象,企业无视法律法规和管理部门对于安全的规定和要求。一些企业为了经济利益,违背相关规范和制度条例,搞违法经营,扰乱体育旅游市场秩序,影响体育旅游市场的健康发展。

另外,一些俱乐部及企业以追求利益最大化为目的,擅自开展各类刺

激、惊险的体育活动以吸引体育爱好者参与，而不顾他们的生命安危。我国还有很多体育旅游企业及俱乐部都没有明确制订安全管理方案，体育设施也存在安全隐患，达不到相应的规格标准，缺乏对从业人员的专业培训，最终导致体育旅游中安全事故频发。

第二节　体育旅游伤害事故及处理

安全问题是体育旅游者在旅游过程中需要考虑的一个最为关键的问题。体育旅游者只有事先了解旅游中有哪些常见的伤害事故，并掌握应对和处理这些事故的技能，才能在遇到危险时从容应对，保障自己的安全。本节主要就体育旅游中常见的几种伤害事故及紧急处理方法进行分析。

一、野生生物危害及紧急处理

户外野生动物甚多，这构成了户外一道独特的风景，但也给户外体育旅游者的身体健康带来了一定程度的威胁。所以，参加户外体育旅游项目尤其要注意避免被野生生物咬伤，如果不小心被咬伤，一定要采取正确的方式做好紧急处理。

（一）毒蛇咬伤

体育旅游者在森林、草丛、山地上行走时，很容易被毒蛇咬伤。据统计，当前世界上存在 2 000 多种蛇，其中有 50 多种蛇是有毒的。判断蛇是否为毒蛇，主要是观察其外形，一般来说，头部钝圆，颈不细，尾部细长，身上色彩斑纹不太明显的蛇是没有毒的；相反，头大颈细，头呈三角形，尾短而细，身上体纹色彩明显的蛇大都是有毒的。但这个判断标准也不是绝对的，也有例外，如金环蛇、银环蛇和眼镜蛇虽然外形和其他无毒蛇很像，但它们属于毒蛇。

1. 症状

被不同的毒蛇咬伤会出现不同的症状。

（1）神经毒症状

被金环蛇、银环蛇和海蛇等咬伤后会出现这种症状。

（2）血液毒症状

被竹叶青、五步蛇、蝰蛇等咬伤后会出现这种症状。

（3）混合毒症状

混合毒症状就是以上两种症状的结合，一般被眼镜蛇等咬伤后会出现混合毒症状。

以上三种毒素中，神经毒是对人体生命造成危害的主要毒素。

2.紧急处理

体育旅游者在户外被毒蛇咬伤后，不要惊慌失措，也不要奔跑大叫，要集中精力、争分夺秒处理伤口。旅游者或同伴应先就地处置伤口，将毒液清除出去，避免毒液在身体中扩散，然后再采取其他处理方法。被毒蛇咬伤后，如果无法判断是毒蛇咬伤还是非毒蛇咬伤，一律按毒蛇咬伤的方式来进行处理，这主要是为了保障生命安全。被毒蛇咬伤后处理伤口的方法有以下几种。

（1）扎

放低伤肢，就地取材，用毛巾、手帕、裤带、鞋带、小绳或藤条等适合包扎的物品紧紧扎住距伤口5厘米左右近心端，以防止毒素回流和扩散，扎紧后每隔15分钟放松几秒。

（2）洗

反复冲洗伤口，将伤口上的毒素洗掉。可采用冷茶水、凉开水、溪水等进行冲洗，切忌用酒精。

（3）吸

用吸筒或采用拔火罐的方式吸出毒液，直到吸出鲜红色的血为止。也可以直接用嘴吸，前提是口腔、牙龈、口唇等无破溃，用口吸毒液后，要反复漱口，以免中毒。

（4）药物

治疗毒蛇咬伤的主要药物是季德胜蛇药片，第一次服用该药物时，要服20片，之后每隔6小时服用10片，服用药物后，还要用温水把药片调成糊状，敷在距离伤口两厘米左右的四周。

如果伤情严重，需立即送医治疗，不要耽误治疗的最好时机。

3.预防

（1）了解毒蛇的栖息地。蛇的体温会变化，如果天气比较凉，蛇会移到靠近太阳的暖和地活动，如草丛的开阔处，从而提高体温，所以在这种情况下，旅游者行进时要避开草丛的开阔处。蛙类、鼠类、鸟类是蛇类的主要食物，因此旅游者要留意有这些动物出没的地方。蛇类不耐干渴，所以总会在距离水源较近的石丛中活动，旅游者经过这些地方时要多加小心。

（2）向当地人取经，了解如何防治毒蛇咬伤。

（3）改善宿营地的环境卫生，清除垃圾草丛，堵塞好洞穴。在可能有蛇出没的地区行进时，拿着木棒走路，一边走一边扫打草丛，蛇受到惊吓后会自己跑开。

（4）体育旅游者在森林、山区、旷野草地等有蛇出没的地方行进时，穿戴好帽子、袜子，把裤角扎好，并随身携带木棒打草丛中的蛇。

（5）了解蛇类的习性。蛇类对于静止的事物是不敏感的，对于活动的物体比较喜欢攻击。如果看到有毒蛇出没，不要惊慌失措，突然跑动，应冷静下来，站在原地保持不动，毒蛇一般不会主动攻击。

（二）蜂蜇伤

在野外探险活动中遇到黄蜂、马蜂及其他野蜂是常有的事，这些蜂通常不主动攻击人，但在巢穴受到攻击后会立即向入侵者发起反攻。因此，体育旅游者在野外行动时，尽量不要主动去碰触野蜂的巢穴，尤其是悬挂在树丛中的巨大蜂巢。如果想要食用蜂蛹，采集时要做好防护准备，尤其要保护好头部和脸。

1.症状

如果被少许的蜂蜇伤，症状比较轻，局部红肿、疼痛是常见的症状，其他伴随性症状比较少见。如果是被很多蜂蜇伤，症状就比较严重，会出现头昏、恶心、呕吐、脉搏微弱等症状。此外，被蜂蜇伤还会破坏肾脏功能。

2.紧急处理

拔出毒刺，用氨水、肥皂水等涂抹伤口，也可将当地一些有用的中草药捣烂，在伤口处外敷。如果感到疼痛剧烈，可根据药物说明服用一些止痛药。

（三）蝎子蜇伤

蝎子有 4 对足，前面的一对巨爪强壮有力，末端尾部锐利的弯钩容易伤到人。被蝎子蜇伤的症状及处理方式如下。

1.症状

一般情况下，被蝎子蜇伤后会感到剧烈的疼痛，伤口周围会出现大面积的红肿症状。如果受伤严重，伤者会出现打冷颤、发热、恶心、舌和口部肌肉僵硬、胃肠肺出血、昏迷等症状。

2.紧急处理

用刀划开伤口,用火罐吸出毒液,也可以直接用嘴吸,吸出毒液后用2.3%氨水、1∶5 000高锰酸钾液或盐水清洗伤口;在伤口周边涂抹在水中溶解后的季德胜蛇药片,如果感觉疼痛难忍,可以口服止痛镇静类药物。

二、腹泻、溺水及紧急处理

(一)腹泻

野外环境卫生条件较差,体育旅游者应养成良好的个人卫生习惯,警惕"病从口入",尽可能不要直接饮用生水,要吃煮熟的食物,随身携带消毒纸巾等,只有养成这些好习惯,才有可能有效避免出现腹泻。

在野外旅游过程中,旅游者很容易触碰到人类或动物的排泄物,触碰后如果不洗手直接用手拿食物,就会引起肠胃传染病,会出现腹泻和肠胃绞痛的症状。所以,旅游者在进食之前要记得洗手,并随时遮盖好食物,避免动物碰触和偷吃。

体育旅游者如果要前往卫生条件不好的地区登山,应先咨询医生需要携带哪些可以预防感染的抗生素和抗腹泻药物。是药三分毒,所以旅游者主要还是要在饮食方面多加小心,尽量不吃生菜、凉的肉类和海鲜,不直接喝凉水,喝水时要先煮沸,吃东西时应先将食材煮熟,去餐馆吃饭时要考虑卫生条件。

旅游者在进食后如果感到胃肠不舒服,或吃了不新鲜的食物,可口服2~3片黄连素,预防腹泻。如果出现急性腹泻,立即服用抗腹泻药物,如易蒙停胶囊、黄连素片等,旅游者如果没有携带这些药物,也可以采取按摩的方法来缓解症状。此外,多补充水分也对缓解腹泻症状有帮助。

(二)溺水

1.当有人溺水时的急救方法

(1)将一根长竹竿或树枝、长绳的一端依附在救生圈、救生衣等有浮力的物体上,施救者拿着长竹竿或长绳的另一端,将救生圈抛给溺水者后,使劲往岸上拉。

(2)如果在施救过程中发现受害者呼吸停止,则尽快想办法让其恢复呼吸。一般来说,如果情况紧急,在水里时就应该开始采取措施,用人工呼吸法帮助其恢复呼吸。

（3）把溺水者托上岸后，给其做人工呼吸，每隔几秒呼一次。如果溺水者昏迷严重，可采取心肺复苏的急救方法，直到溺水者心跳、呼吸都恢复正常。

2.施救时的注意事项

（1）将溺水者救到岸上后，一定要先让其平躺在地上，然后再施救。

（2）脱去溺水者的湿衣服，盖上保暖的衣服，避免体温下降。

（3）溺水者的呼吸逐渐恢复正常后，可能还会有咳嗽、呼吸困难等症状，这是正常现象，施救者要注意打消溺水者的忧虑，直到其得到医疗救助。

三、热昏厥、脱水及紧急处理

（一）热昏厥

有些体育旅游者体质较差，在夏季旅游时，如果选择的是剧烈的旅游项目，就会消耗大量的体力，体内水分和盐分大量消失，这时若不及时补充水分和盐分，就很容易发生热昏厥。

1.症状

体育旅游者一旦出现热昏厥，就会感到浑身乏力、心里烦躁、头痛、恶心，同时伴有脸色苍白、呼吸快而浅、脉搏快而弱等症状。严重者还会出现下肢和腹部肌肉抽搐的症状。

2.紧急处理

旅游者出现热昏厥症状后，同伴应迅速将其移到阴凉的地方，使其平躺在地上。如果患者意识还比较清醒，喂其喝一些凉开水，患者应慢慢吞咽水。如果患者大量出汗，或出现抽筋、腹泻、呕吐等症状，应在凉开水中加入适量的盐（每公升水加一茶匙盐）。若患者完全失去了意识，应使其保持卧姿，身体充分放松，直到症状减轻时，将其送到医院治疗。

（二）脱水

脱水也是户外旅游者经常遇到的问题，下面分析脱水的症状及应急处理方法。

1. 症状

体育旅游者必须清楚地认识到"口渴感"是脱水的一个重要信号,如果感到口渴,就要及时补水。除"口渴"外,还有很多信号预示着即将发生或已经发生脱水现象。例如,尿量减少、尿的颜色变深、皮肤起皱、身体疲劳、食欲不振等,这些都是脱水的早期症状。如果不及时补充液体,则容易出现感觉迟钝、烦躁不安、体温升高、心率加快、注意力分散、运动能力减弱等严重的症状,这些症状很容易引起其他方面的身体损伤。出现较为严重的症状后如果还不注意补充水分,症状就会加重,出现中暑、休克等热病。

2. 处理方式

在旅游之前,旅游者可以在各种环境下参与不同强度的运动,从而增强自身对运动性脱水的耐受性。旅游者应根据自己的运动量和身体情况来合理补充水分,补充时要遵循少量多次的原则。除补水外,还应补充适量的无机盐。

第三节　体育旅游安全保障要素的构建

随着体育旅游的不断发展,其逐渐成为主流旅游形式,大众参与度不断提升。很多体育爱好者与旅游爱好者喜欢参加带有挑战性与惊险刺激性的体育旅游活动,他们在参与的过程中不断挑战自我、超越自我,享受那种愉悦感和满足感,可见体育旅游有足够的魅力吸引人们全身心参与其中。但我们必须认识到,体育旅游是存在一定风险的,因此在开发体育旅游尤其是惊险刺激类旅游项目的过程中,安全问题绝对不能忽视,要时刻谨记安全第一,为旅游者的安全保驾护航。基于此,构建体育旅游安全保障体系迫在眉睫。

体育旅游安全保障体系的构建是一个系统、开放且复杂的大工程,需要旅游行政组织、体育旅游行业组织、体育旅游企业、政府部门、体育旅游者以及目的地居民等有关方面协调配合、共同参与,如图 6-1 所示。

体育旅游安全保障体系中包含六大要素,分别是政策法规、政府管制、安全预警、安全救援、安全保险以及安全教育。这六个要素缺一不可,在构建过程中要注意各要素的内在联系,从而真正发挥体育旅游安全保障体系的作用。下面具体分析体育旅游安全保障体系中各要素的构建。

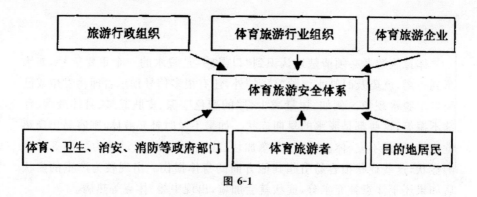

图 6-1

一、体育旅游安全政策法规要素构建

从宏观上调控体育旅游安全,根本上是要构建体育旅游安全政策法规体系。针对体育旅游安全问题制定法律政策,对现有立法体系进行补充与完善,加强对体育旅游的安全引导与规范化管理,是体育旅游发展的必然要求。体育旅游发达国家基本都有较为成熟的安全法律体系,我国在体育旅游安全政策法规体系的构建中,可适当参考国外的法律政策,然后立足我国的实际情况对体育旅游安全法规政策予以改进和完善,尤其要重视从法律上对高危性体育旅游项目的安全开展予以保障,要制定相应的技术标准,提高市场准入条件,完善审批程序和安全监测制度。

体育旅游安全政策法规体系包含四个层次(表 6-1),在政策法规要素的构建中要注意层次性,要完善各个层次的法规政策。

表 6-1   体育旅游安全政策法规体系的四个层次①

层次分级	类别	法律政策举例
第一层次	主体法	《中华人民共和国旅游法》 《中华人民共和国体育法》 《中华人民共和国安全生产法》 《中华人民共和国突发事件应对法》
第二层次	国务院颁发或批准的行政法规	《旅行社条例》 《体育旅游开发与管理条例》(待定) 《突发公共卫生事件应急条例》 《导游人员管理条例》

---

① 孙延旭.中国体育旅游安全保障体系构建研究[J].现代商业,2012(34):70-72.

续表

层次分级	类别	法律政策举例
第三层次	国家旅游局制定颁发的规章制度	《旅游安全管理暂行办法》 《旅游者安全保障办法》 《旅行社条例实施细则》 《重大旅游安全事故报告制度试行办法》 《重大旅游安全事故处理程序试行办法》 《漂流旅游安全管理暂行办法》
第四层次	地方旅游法规规章	《北京市旅行社安全管理规范(试行)》 《北京市旅游区(点)安全管理办法》 《北京市旅游安全事故报告制度规定》 《广州市特殊旅游项目审批程序》 《吉林省旅游安全管理办法》

总之,我们要在法制化轨道上实施体育旅游安全管理,依据一定的法律政策来提高体育旅游安全管理的公平性、公正性与实效性,并在科学方针政策的指引下推动体育旅游活动的安全开展及旅游业的持续健康发展。还需要注意的一点是,体育旅游安全管理是一项具有公共性的工作,社会生活的各个主体及各方各面都包含其中,所以只靠政府部门发挥职能来进行管理是不够的,还需要充分调动社会各主体的力量,深入开发与利用社会上丰富多彩的管理资源,以完善体育旅游安全管理的政策法规网络,促进安全管理运作效率的提升。此外,多主体共同参与制定相关政策法规,并在各项政策法规的执行中群策群力,有助于保障安全政策的真正落实及其作用的充分发挥。

二、体育旅游安全政府管制要素构建

体育旅游安全政府管制是体育旅游安全保障体系的重要组成要素,要积极构建政府管制体系,充分发挥政府职能部门的作用,与此同时还应使行业协会的作用得以充分发挥。

政府代表公共利益,行使公共权力,管理公共事务,提供公共产品,维持公共秩序。我国自改革开放以来大力扶持旅游产业,并实施政府主导型战略来推动旅游业的发展。政府在体育旅游安全管理中扮演着至关重要的角色,其作为"守夜人"全力维护旅游者的安全。构建体育旅游安全管理体系,需要政府相关部门的共同参与,包括体育部门、旅游部门、安全部门、公安消防部门、卫生防疫部门、交通部门等政府职能部门,这些部门相互协调配合,在一个完整的行政组织机构系统中各自发挥作用,共同维护与保障体育旅游安全。只有多部门共同参与,共同发挥职能,才能使体育旅游安全保障体系的功能更齐全,反应更快速,运作效率更高,从而更加规范、有序地开展体育旅游安全管理工作,取得更好的管理效果。

我国体育旅游安全管理工作直接由政府部门负责管理,在此基础上还要充分发挥体育旅游行业组织的作用,这与我国"大市场、大社会、小政府"的市场改革趋向是一致的。行业组织间接参与体育旅游安全管理,主要发挥辅助作用与桥梁作用。在市场经济发展中,行业协会作为一个中间环节是不可或缺的,市场、行业和企业的利益与需求能够通过行业协会这个中间环节体现出来,政府的引导与管理意图也能从中反映出来。此外,行业协会在市场经济体制下能依法对各方利益加以协调,对市场矛盾加以解决,使市场经济发展中的摩擦不断减少,作为"润滑剂"的角色发挥自身的重要作用。

在体育旅游安全管理中,为充分保障体育旅游者的安全,体育旅游行业组织应将自身的协调与监督作用充分发挥出来,具体需要做到以下几点。

第一,加强对体育旅游安全法律法规及政策的大力宣传,并自觉执行,积极配合政府部门的工作。

第二,体育旅游行业组织协会订立行规、行约,正确引导、严格监督会员遵守这些规定。协会开展形式丰富的培训活动,大力宣传与倡导行业自律,对会员的行为予以监督,从而使体育旅游者的安全得到更好的保障。协会还应不断强调企业会员在经营管理中做好安全管理工作,对安全管理工作做得比较到位的会员予以奖励,对忽视安全管理的企业进行惩罚。

第三,协会根据体育旅游业的发展情况而制订统一的行业质量标准,加强质量管理,促进企业会员经营管理水平及服务质量的提升,为体育旅游者提供安全、优质的服务,以有效预防安全事故,提高旅游者的满意度。

第四,当发生体育旅游安全事故后,协会应协助会员单位做好调查与理赔工作,对会员单位及旅游者的利益予以维护。

三、体育旅游安全预警要素构建

在体育旅游安全管理中,必须加强事前预警,这是非常关键的一个环节。随着我国体育旅游的迅速发展,体育旅游的内容与形式也越来越丰富多样，如自助游在近年来比较流行，少数民族地区利用当地特色资源而开发民族风格鲜明的体育旅游项目，一些高危体育旅游项目进入市场后就吸引了大量的体育旅游爱好者参与等。形式多样、内容丰富的体育旅游是具有一定风险性的，而且有些时候风险是难以预料的，所以体育部门和旅游管理部门必须加强安全预警，预防安全事故发生。

对于存在安全风险的体育旅游目的地，国家旅游局有义务提前警示旅游者，告诉旅游者或旅游单位可以去哪些地方，不可以去哪些地方，哪些是旅游事故多发地等，使旅行社和旅游者心里有数，提前做好安全准备，预防安全事故发生。此外，政府部门还应对旅游安全预案加以制定，监测和评估旅游目的地的突发安全事件，从而保持高度警惕。

旅游安全事故作为旅游业中的一种常见社会现象是具有偶发性的，在一定条件下某个或某些偶然因素的出现就会导致安全事故的发生。对于体育旅游中的安全事故，我们采取的方针是以预防为主，对于发生过安全事故的旅游地，行政机构要警钟长鸣，吸取教训。有些旅游地虽然没有发生过安全事故，但也不能掉以轻心，要加强防范。

要预防体育旅游中的安全事故，就必须开展安全宣传工作，提高体育旅游工作人员及旅游者的安全意识和安全认知水平，尽可能使体育旅游安全事故发生的可能性降到最低，或最大限度地减少安全事故造成的损失。各地政府要坚持不懈地抓好体育旅游安全宣传工作，防患于未然。

四、体育旅游安全救援要素构建

构建体育旅游安全预警机制是为了预防体育旅游安全事故的发生，降低事故发生率，但体育旅游是具有危险性的一种特殊旅游形式，高危性旅游项目更是本身就带有风险属性，所以即使安全预警机制再完善，前期防范工作做得再好，也不能百分百保证不会发生安全事故。因此，必须随时做好应对安全事故的准备，将事故的损失降到最低。可见，体育旅游安全救援也是体育旅游安全保障体系中不可缺少的要素之一，加强体育旅游安全救援体系的构建势在必行。

构建体育旅游安全救援体系，第一步是要组织建立一个体育旅游安全救援指挥中心，指挥中心既有救援机构，又有外围机构，具体可参考图 6-2。

体育旅游安全救援指挥中心开展应急救援工作，需要各相关部门发挥自身的职能作用，需要将社会各方面的力量充分调动起来，有序做好每个环节的工作，具体参考图 6-3。

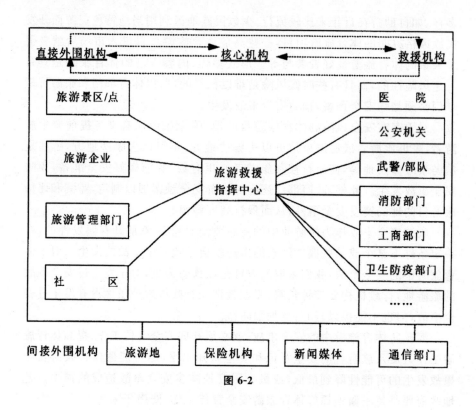

图 6-2

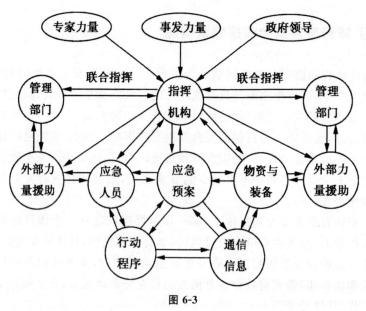

图 6-3

下面主要分析构建体育旅游安全救援体系的几个要点。

（一）以景区为基地组建救援机构

我国绝大部分社会资源都是由政府部门所掌握，虽然并不是所有的安全事故都与政府有直接的关系，但政府对所有的安全事故都有责任去实施救助。所以，各地组建救援机构应由地方政府部门牵头，以景区或景点为基地，要突出机构的快捷性、高效性。

政府部门要制定相关政策制度，并从经费、物资上提供扶持，以从各方面保障救援机构的正常运转。此外，政府部门还要与社会相关组织相互沟通、交流，以获得社会组织的支持与配合，从而使体育旅游救援机构的救援效率进一步提升。

（二）合理配置救援人员

体育旅游景区发生安全事故后，如果被动等候政府部门派人来救援，很容易延误最佳救援时机，给旅游者带来更大的损失。所以，应在体育旅游景区就近建立救援组织，救援人员应以景区管理员和当地居民为主。要注意定期对这些救援人员进行专业培训，使他们掌握救援技能，达到专业标准，最终采用考核的方式进行专业认证，决定哪些人员可以上岗。之所以要将景区管理员和当地居民作为救援主体，主要是因为他们了解当地的气候、地形等基本情况，这样开展救援工作就会很方便，能够促进救援效率的提升。此外，还应鼓励当地的体育旅游爱好者加入救援队伍，他们有运动和旅游的热情，有较为丰富的经验，甚至有专门的装备和专业的技术，他们的加入可以使救援队伍的救援能力大大提升。

（三）配备足够的救援装备

组建救援机构还需要为机构提供充足的基础设施，这是地方政府部门和景区管理机构必须重视的一项工作。只有保证救援设备充足，救援人员的装备齐全，才能更好地应付突如其来的旅游安全事故。一般情况下，由景区管理员负责保管救援设施。大型救援机构所需的救援设施很多，购置大量的救援设施必然要花费数额庞大的资金，这会给地方政府部门和景区管理机构带来一定的经济负担。因此，社会企业、行业协会等各方面社会力量提供的资金和物资捐助对救援机构来说很重要，要充分调动社会各界直接或间接参与救援的积极性，这样不仅可以减轻政府部门的负担，还能使救援机构的实力得到进一步充实，为救援机构开展救援工作提供便利。

(四)完善通信设施

除组建救援机构外,在体育旅游景区或景点建立救援通信体系也是很有必要的。在景区建立救援通信体系,做好对通信设备的配备工作,保证救援电话信号无误,能够为开展救援工作带来极大的方便。有些高危性体育旅游项目是在户外的艰险环境下进行的,如高山峡谷中或野外,受自然环境的影响,要在这些地方建立通信网络存在很大的困难,这时就需要利用拥有特殊功能的无线电通信技术了,这对要去崇山峻岭开展救援工作的救援人员来说是必备装备。因此,为提高救援效率,环境险恶的旅游景区必须加强对无线电通信体系的建立与完善。

(五)加强体育旅游与专项保险的合作

在体育旅游的发展中,专项保险提供了非常重要的保障,如保障了救援队的利益,也使旅行社和体育旅游者少了一些后顾之忧。当前,我国旅游管理部门、社会相关协会组织逐渐意识到了建立全国性体育旅游保险机构的重要性,而且也有很多大规模的保险公司愿意合作,在全国范围内建立与完善统一的旅游保险机构,为体育旅游与专项保险之间搭建桥梁,无疑能够进一步推动我国体育旅游的持续发展。

五、体育旅游安全保险要素构建

体育旅游本身具有风险属性,无论如何预防和控制,都不可能完全绝对地避免风险的发生。发生风险事故后,体育旅游者的健康与利益受损,必须及时给予补偿,保险就是这样一种维护受害者合法权益的重要补偿手段。当前,我国还未真正建立起体育旅游保险体系,体育旅游者也缺乏对这方面专业保险的认识,而且保险公司对体育旅游保险的开发也不够重视。种种因素制约了我国体育旅游保险的发展,进而也制约了我国体育旅游的持续健康发展。鉴于此,我国必须采取一些措施来积极推行体育旅游保险,科学构建体育旅游安全保险体系,进一步健全体育旅游安全保障体系。

(一)大力宣传体育旅游保险

体育旅游者缺乏保险意识和安全意识,主要是因为不了解体育旅游保险,在这方面缺乏一定的认识。所以,保险公司要将各种传播媒体如网络、电视、杂志、报纸等充分利用起来以广泛宣传体育旅游保险的相关知识,扩大宣传范围,提高宣传力度,以集体宣传形式为主,宣传要有组织性、计划性和目的性,从而提高体育旅游者对体育旅游保险的认知水平,强化其安全意识与保险意识。

(二)完善相关法律法规

构建体育旅游安全保险体系,要注重对体育旅游保险法律法规的制定与完善,从而为推广与实施体育旅游保险创造良好的环境,提供更好的保障。只有在严格的法制环境下推行体育旅游专项保险,才能够促进和保障体育旅游保险的发展,并真正落实“依法引保”“依法治保”及“依法促保”。①

(三)完善险种,扩大保险的覆盖面

现阶段,体育旅游保险在我国还未引起体育旅游者的高度关注,一方面是因为体育旅游者缺乏这方面的认识;另一方面也与我国体育旅游保险自身的发展缺陷有关,如险种单一、覆盖面较窄等。针对这些问题,保险公司应深入研究体育旅游保险市场,结合我国体育旅游市场经营情况和体育旅游者的真实需求来大力开发与积极推出体育旅游保险的多项险种,使体育旅游保险体系更加完善,覆盖面更广,以促使体育旅游者的需要得到满足,实现“有保可投”“险种可选”“有保可依”。

(四)主动向国外先进保险公司学习

目前,我国体育旅游保险的发展还处于起步阶段,而一些体育旅游发达国家的体育旅游保险已经非常完善了,也建立了成熟的保险体系,很多大型保险公司都将体育旅游保险纳入经营范围,并作为主要业务来推广,这些专业保险公司经营理念先进,经营策略与国际接轨,因此经营成果显著。我国要发展体育旅游保险业,就应积极向国外先进保险公司“取经”,主动学习,争取合作,树立先进的经营理念,并结合我国体育旅游保险市场情况建立相应的经营模式,以拓展我国体育旅游保险业的市场空间,提高经营效益。

(五)完善售后服务

发展体育旅游保险业,最重要的就是要做好体育旅游保险的销售工作,这一环节对保险公司的业绩及市场占有率等有直接的影响,所以在销售方面做好工作是保险公司的重中之重。另外,要促进体育旅游保险公司服务质量的提升,还需要做好售后服务工作,具体包括保险咨询、保险理赔等。

---

① 刘跃华,颜秉玲.关于我国推行体育旅游保险的几点思考[J].洛阳师范学院学报,2014,33(02):85-87.

保险公司在保险人心中的形象如何,是否令保险人满意等,在一定程度上取决于保险公司的售后服务质量。因此,体育旅游保险公司要获得稳定的客户源,进一步拓展市场空间,不仅要完善保险销售网络,对更多的销售渠道进行探索,还要健全售后服务网络体系,提高售后服务档次与质量。具体来说,保险公司可设立售后服务监督平台,与保险人签定售后跟踪服务协议书等,通过各种有效的方式来赢得体育旅游者的信任,提升参保者的满意度,吸引更多的体育旅游者主动购买保险。

六、体育旅游安全教育要素构建

我国体育旅游安全事故频发与体育旅游者及工作人员缺乏安全意识有直接的关系,而旅游者缺乏安全意识又是因安全教育的缺失造成的。因此,我国必须针对体育旅游安全问题开展安全教育工作,以提高旅游者与工作人员的安全意识和安全防卫技能。构建体育旅游安全教育体系需做好以下几方面的工作。

(一)建立体育旅游安全教育系统

我国应建立分级、分区域的体育旅游安全教育系统,开展分类、分级别的安全教育,以满足广大体育旅游者的需求,满足体育旅游活动中对向导资质、游客自救、医疗救助等方面安全教育的基本需求。

(二)加强对旅游者的安全培训

体育旅游者参与高危旅游项目,有必要接受相关培训,旅行社应向旅游者详细讲解安全注意事项和自我保护技巧,让旅游者认真阅读旅游指南或安全手册,以提高旅游者的风险防范意识与自我保护意识,减少安全事故的发生。

(三)注重对体育旅游安全教育专业人才的培养

构建体育旅游安全教育体系也离不开对这方面专业人才的培养,专业的人才能够深入研发与进一步充实体育旅游安全教育的内容,为体育旅游企业提供专业建议,为体育旅游者提供安全保障。为培养这类人才,高校及体育旅游俱乐部应根据条件对户外救援、医疗救助等专业课程进行开发,通过系统的专业培训来提高安全教育专业人才的综合素养。

第七章　体育旅游的典型类型
与高质量发展研究

体育旅游的类型有很多,目前低碳体育旅游、红色体育旅游、冰雪体育旅游和高端体育旅游等类型在我国发展的势头良好,深受热爱旅游的人们的喜爱。因此,加强这几种体育旅游产业的研究显得尤为必要。本章重点讨论这几种体育旅游产业的特征、内涵等,并提出促进其进一步发展的策略。

第一节　体育旅游的典型类型

一、低碳体育旅游

随着现代社会的不断发展,人们的生活水平日益提高,同时拥有了更多的余暇时间,在这样的背景下,人们就有了从事各种户外活动的可能。其中,体育旅游成为一个重要的活动项目。与传统旅游相比,体育旅游有着独特鲜明的特征,属于一种新型的休闲旅游生活方式。体育旅游本质上来说是将体育作为内涵,将旅游作为载体,通过体育来提供资源,通过旅游来拉动市场。

2009 年 5 月,低碳体育旅游的概念逐渐被提了出来,经过一段时间的发展,低碳体育旅游更加深入人心。低碳体育旅游可以说是一种绿色旅行的重要形式,主要特点是低能耗、低污染,并在衣、食、住、行、玩、乐、购的旅游过程中节约能源、重视环保、锻炼身体,实现我国旅游业的可持续发展目标。[1]

---

[1]　张婷.我国低碳体育旅游发展的现状[J].经济研究导刊,2017(22):151-152.

二、红色体育旅游

红色文化是我国特有的文化形式,是特定时代的产物。红色体育旅游是一种专题性的旅游活动,是按照不同旅游目的而划分的一种旅游活动形式,它不但具有红色旅游的特征,同时还具有体育旅游的特征,是红色旅游与体育旅游互为关联、互为作用的客观存在。因此,笔者认为,红色体育旅游是以参与和观看红色体育运动为目的,或以中国共产党领导人民在革命和战争时期进行体育实践活动所形成的纪念地、文字资料、图片资料及其所承载的中国革命精神为主要内容,集参观、体验、学习和教育为一体的专题性体育旅游活动。[①]

三、冰雪体育旅游

(一)冰雪旅游的概念

发展到现在,理论界对冰雪旅游的概念还没有做出统一的界定。从旅游的定义中可以看出,旅游活动具有消费、休闲以及社会等属性,因此可以对冰雪旅游做如下界定:非定居者出于观摩或参与冰雪活动目的的旅行和逗留而引起的现象和关系的总和。[②]

(二)冰雪体育旅游的价值

冰雪旅游业的发展能为一个国家或地区带来丰厚的经济利益,也能在文化与自然生态发展方面发挥极大的作用。

1. 经济价值

一般情况下,冰雪旅游资源主要分为自然旅游资源和人文旅游资源两种类型,这两种类型在人们日常所参与的活动中都能见到。首先,自然旅游资源的冰雪旅游资源属于天然之物,其更新、再生等现象都是自发形成的一种自然现象,如户外滑雪、滑板等都属于这一范畴。但随着现代休闲体育活动的不断发展,人们需要更多的冰雪体育旅游资源以满足自己的需求。因

---

① 龚洪波,王惠,罗敏.红色体育旅游内涵界定[J].湖北体育科技,2015,34(05):383-384.

② 张丽梅.冰雪旅游策划[M].哈尔滨:哈尔滨工业大学出版社,2011.

此,人文冰雪体育旅游资源就受到关注。这时,我国开发冰雪旅游资源的人员必须付出劳动,对新的冰雪景观进行设计,对冰雪游乐设施进行建设,对冰雪旅游产品进行开发,将冰雪娱乐服务提供给旅游者等。

由此可见,冰雪体育旅游资源具有社会再生产的性质,因而具有一定的经济价值。冰雪体育旅游资源的自然再生产能力是其经济价值的集中表现。在平时的生产劳动中,人们为保护冰雪旅游资源,必须要付出一定的努力,必须要加强旅游资源的开发与保护,管理好冰雪旅游资源,同时还要在冰雪旅游地建设必要的交通设施,加强冰雪旅游产品的宣传与推广,实现经济价值。

2.文化价值

能满足人类精神文化和道德需求的价值就是所谓的文化价值,实际上任何事物或人们的各种活动中都蕴藏着一定的文化内涵与价值,对于冰雪运动而言是如此,对于人们的冰雪旅游活动而言也是如此。我国地大物博,有着丰厚的冰雪旅游资源,这些冰雪旅游资源都蕴藏着丰富的文化内容,如冰雪节庆文化、冰雪艺术文化、冰雪服饰文化、冰雪娱乐休闲文化、冰雪饮食文化等。这些丰富的冰雪旅游资源呈现出显著的文化价值,能深深满足人们的精神需求和娱乐需求。与一般的体育资源相比,冰雪旅游资源属于稀缺性资源,这在一定程度上决定着其具有较大的潜在价值。我国冰雪旅游资源的稀缺性主要表现在以下几个方面。

(1)在各种各样的旅游活动出现的背景下,冰雪旅游资源呈逐渐减少趋势。

(2)在当前我国自然生态受到一定破坏的背景下,冰雪旅游资源也相应地逐渐贫化。

(3)我国冰雪旅游资源非常丰富,依存的生态环境却遭到部分人的严重破坏,这非常不利于冰雪体育旅游的发展。

3.生态价值

冰雪旅游资源还具有重要的生态价值,这一价值属于"潜在价值",体现出冰雪旅游资源的效用性和稀缺性。冰雪旅游资源具有鲜明的地域性特征,因为这些旅游资源只有在适宜的地理位置、合适的气候条件下才能形成。我国冰雪旅游资源具有显著的季节性特征,其发展在很大程度上要依赖客观环境,这也是为什么我国北方冰雪旅游资源要多于南方,其发展要优于南方的主要原因。

冰雪旅游资源具有一定的稀缺性特点,因此我们不能无节制地使用这些资源。为推动我国冰雪体育旅游的可持续发展,我们必须充分认识到冰雪资源的稀缺性,从思想上重视起来,保护好现有的冰雪资源。此外,开发和维护冰雪旅游资源还有利于生态资源的完整性保存,有利于空气质量的改善,有利于环境保护。我们在设计冰雪景观时不要破坏生态资源的原始性,要突出冰雪资源的生态文化主题。以上这些都反映了我国冰雪旅游资源在生态方面的价值与效用。在开发冰雪旅游资源的过程中,保护好旅游资源生态不被破坏是我们义不容辞的责任。

四、高端体育旅游

(一)高端体育旅游的概念

高端体育旅游是指具有一定素养的体育旅游个体或群体在体育旅游消费水平、消费层次及消费方式等方面明显比平均体育旅游消费水平和消费层次高,但又与大众体育旅游明显不同的一种体育旅游形式。[①]

(二)高端体育旅游的分类

一般来说,高端体育旅游主要分为以下三大类。

1. 高端体育观赏旅游

高端体育观赏旅游具有重要的意义和价值,这些价值和意义主要表现在它能愉悦人们的感觉器官,能极大地开拓人们的视野、陶冶人们的情操等。我们平时所见到的各类体育赛事、大型体育活动等都属于此类体育旅游类型。

2. 休闲高端体育旅游

从某种程度上而言,休闲高端体育旅游能使旅游者在一流的休闲度假环境中满足自身对体育的个性化与专业化需求,这类高端体育旅游主要有滑雪度假旅游、高尔夫度假旅游等,这些旅游形式都能满足追求个性的人们的需求。需要注意的是,参与这一类体育旅游活动需要人们具备雄厚的经济实力。

3. 特种旅游

人们参与特种旅游的主要目的在于寻求刺激、体验惊险,不断充实自己

---

① 赵金岭.我国高端体育旅游的理论与实证研究[D].福州:福建师范大学,2013.

的人生经历,激发生活的斗志。航海、狩猎、探险等都属于这一类。

(三)高端体育旅游的特征

高端体育旅游主要呈现出以下几个特征。

1.产品高端

高端体育旅游在交通设施与住宿配套设施等方面都投入了大量的资金,有着很高的档次。同时,有些高端体育项目还配备了教练员,为人们提供各种优质的服务。与一般的体育旅游消费相比,高端体育旅游的层次更高,需要消费者具备雄厚的经济实力。

除此之外,高端体育旅游产品的高端化不仅体现在服务高端上,还体现在产品的多样化上。各种富有特色的体育旅游产品呈现出专题化和专业化的特征,能充分满足人们的各种个性化需求。

2.社会中高阶层的消费群体

一般情况下,高端体育旅游的消费群体大体而言集中在社会中高阶层上。下面主要以社会阶层结构为依据对体育运动进行层次划分,具体分为以下四大类。

(1)上层体育运动,需要花费大量的金钱和时间,如高尔夫、赛车等。

(2)中上层体育运动,这一类运动器具与装备较为复杂,如骑马、滑冰、潜水等。同时,需要消费者具备良好的运动技术水平,否则就很难参加这些运动。

(3)中下层体育运动,团队协作性是这一类运动的特点,如篮球、足球、排球等。

(4)下层体育运动,这一类运动大多为直接对抗的运动,如田径项目、体操运动等。

根据阶层及消费水平来划分,高端体育旅游的群体属于中高端阶层,其特点主要体现在以下几个方面。

(1)普遍具备较高的个人素质,有着较高的知识水平。

(2)品位较高,对生活质量有着较高的要求。

(3)注重对品质的追求,不太在意消费品或服务的价格。

(4)信任大品牌,选择品牌体育旅游产品进行消费。

(5)能深刻理解体育旅游的意义,从心里喜欢参加体育旅游这项活动。

(6)停留在体育旅游目的地的时间比较长。

(7)追求或享受高品质的服务。

(8)热衷于参加文化内涵深刻的体育旅游。

3. 追求身心放松

高端体育旅游具有多方面的价值,这些价值主要体现在健身、休闲、娱乐、体验等方面。通过调查发现,大部分人参加高端体育旅游的主要目的在于放松身心。因为当今社会竞争非常激烈,在这样的背景下,人们普遍面临着较大的压力,出现了一些"现代文明病",人们迫切需要参加一些休闲活动来缓解这些压力,放松身心,高端体育旅游活动就是其中一项很好的项目。

在现代社会背景下,科学技术在带给人类实惠和便利的同时,导致了一些不和谐的因素。促进人的全面发展是人类消费的最高目的。通过参加各种各样的高端体育旅游,人们能够进入一个广阔崭新的自我空间,这个控制是以体育活动为主要形式的,在这个空间内,人们能摆脱生活的程式化,充分满足自己的娱乐和休闲需求,能暂时摆脱生活与工作中的各种压力,实现身心的平衡发展。

4. 消费具有重复性

与一般的消费不同,高端体育旅游属于重复性消费。人们通过参与各种形式的高端体育旅游活动,能释放工作和生活的压力。当这种活动结束后,人们又重新回到原有的生活和工作状态中,因此压力是不可避免的,但人们可以经常参加这些活动来宣泄自己的情绪,释放自己的压力,高端体育旅游就为人们提供了这样一种机会。

第二节　低碳体育旅游的高质量发展研究

随着近些年来我国体育旅游的快速发展,体育旅游深受人们的青睐。大部分体育旅游活动与自然界有着密切的关系,有些体育旅游活动甚至会破坏自然环境,因此提倡低碳体育旅游就成为大势所趋。

一、我国低碳体育旅游产业的发展现状

(一)总体发展速度缓慢

随着现代社会的不断发展,低碳行业的发展速度越来越快,相对于一部分低碳行业来说,低碳体育旅游业的发展相对缓慢,低碳体育旅游的理念不

够全面。旅游产业本身就是作为无烟工业存在的,但旅游产业作为服务行业,或多或少都是会有所耗能的,而这一部分恰恰是国家还没有重视到的。

(二)没有充分利用低碳体育旅游资源

一个民族文化的发展在一定程度上体现出其灵魂,而体育旅游发展依赖的也是其背景下的民族文化。在低碳体育旅游过程中,体育文化产业是体育旅游的核心。部分地区和城市没有充分利用该地的风景、文化背景和体育旅游资源,依旧保持着传统的旅游方式,没有将该地区和城市的文化特色突出出来。

(三)没有形成总体运营模式

虽然经过多年的发展,低碳体育旅游拥有了雄厚的群众基础,但是其在总体运营上还没有形成一个科学和有效的模式。据调查发现,我国民间低碳体育旅游的爱好者众多,经常自发性地参与其中,如西藏骑行、青海骑行旅游等,发展至今已形成一项重要的活动,在体育旅游这个圈子中具有较大的影响力。但是,正是由于总体运营模式的欠缺,再加上低碳体育旅游产业的收益率较低,难以受到商家关注。[①] 因此,针对这一情况,我们必须要建立一个低碳体育旅游产业的总体运营模式,促进低碳体育旅游产业更好地发展。

(四)低碳体育旅游宣传力度不够

一般情况下,游客在选择旅游地时,通常会选择知名度较高的地方,这些地方通常被很多人知晓,能深深吸引前来参观的游客,拥有良好的发展资源和潜力,但是由于一些地区的前期宣传力度不够,导致很多游客难以发现这些地方,难以激发该地对潜在游客的吸引力。宣传力度缺乏具体表现在:宣传方式比较传统和陈旧,没有充分利用好新兴的主流媒体,没有发挥新兴媒体的作用;宣传方式较为简单,没有形成良好的宣传体系;宣传观念较为落后,资金支持不够等,这些都影响着低碳体育旅游的健康发展。

(五)政府扶持力度不够

低碳体育旅游的健康发展离不开政府的扶持,包括政策与资金的支持,这是低碳体育旅游产业发展的重要助推力。对于一些体育旅游企业而言,

---

① 李爱臣.分析我国低碳体育旅游发展的走向[J].旅游纵览(下半月),2015(11):229.

政府提供这方面的支持能帮助一部分企业顺利地进入体育旅游行业,实现快速地发展。但总体上来看,当前我国政府部门对低碳体育旅游的支持度不够,需要政府进一步加大扶持的力度。

(六)忽视了低碳体育旅游产业的资金投入

虽然进入 21 世纪后,社会各个层面都获得了快速的发展,出现了各种新的发展模式,但对于体育旅游业而言,仍然采用传统的运行模式来发展体育旅游业,发展的方式主要为市场运营和社会群众参与,在这样的情况下,资金投入被自动忽视掉,这是非常不利于低碳体育旅游产业的发展的。

因此,由于资金意识缺乏,导致很多资源都不能够有效地发挥它最大的社会价值。[①] 旅游景区的相关体育休闲娱乐设施也出现陈旧的现象,安全性无法得到保证。

(七)专业管理人才欠缺

一个产业的发展与其产业人才的数量与质量有着极为密切的关系,任何产业都是如此。但据调查,当前无论是体育产业还是旅游产业,其产业管理水平都较为低下,欠缺必要的管理人才,现有的体育产业管理人才的质量参差不齐,影响体育产业及低碳体育旅游产业的健康发展。因此,面对这一形势,我们必须要建立一个具有远见的人才培养计划,力争培养出具有高素质的管理人才。

二、我国低碳体育旅游产业的发展策略

(一)遵循绿色、循环、低碳的产业发展之道

低碳体育旅游要想实现可持续发展,就必须要走绿色、循环和低碳的道路。具体而言,要以"绿色、循环、低碳"为核心发展理念来发展低碳体育旅游产业。首先要充分了解环保、节能的含义和理论基础,并将其贯彻到体育旅游产业的发展中,这样才能避免造成资源破坏与浪费的情况,才能更好地创造低碳体育旅游产业的发展空间。

---

① 朱冠铮.低碳经济视角下体育旅游产业发展研究[J].经济研究导刊,2017(35):104-105.

（二）科学发展，有效开发旅游资源

体育旅游企业可以对旅游资源进行一定的改造，提升旅游环境的吸引力，充分发挥体育旅游资源的价值，激起人们参与体育旅游的兴趣。

在开发低碳体育旅游资源的过程中，我们需要充分把握体育旅游资源本身的深层次认识和内涵。尽管我国有着丰富的旅游资源，但并不意味着要任意开发，而是需要经过不断地考察、反复论证才能开发，在这样的前提条件下，才能开发出具有较高价值的低碳体育旅游产品。

（三）建设低碳体育旅游发展的完整机制

低碳体育旅游的发展离不开多方面的支持，包括政府财政、资金以及人民群众、媒体宣传等方面的支持，只有各方面加强合作才能推动整个体育旅游产业链的健康发展。

建立一个健全和完善的低碳体育旅游发展机制需要从以下两个方面着手。

一方面，要将低碳体育旅游纳入国家整体节能减排的目标中去，制订一个统一的体育产业链发展规划，充分利用国家的财政、资源政策支持。各政府管理部门应该统一规划覆盖多产业发展的整个体育旅游产业链的整体生态发展，并以此为依托对低碳体育旅游的节能减排、环境保护等方面做好全面的统筹规划。①

另一方面，政府部门可以拨款用于低碳体育旅游的发展，在政府必要的资金支持下，低碳体育旅游能获得良好的发展。体育旅游产业链内部的各企业也应该增强联合互动，创建共享平台，发展绿色消费，这样才能有效提高体育旅游产业的发展效果。

（四）完善低碳体育旅游的绿色运营模式

（1）低碳体育旅游倡导转变传统旅游出行模式，鼓励游客少乘坐或不乘坐碳排放量多的交通工具，而尽可能地采用低碳或无碳方式出游。

（2）体育旅游产业的管理人员要从自身出发，强化清洁、节约、舒适、方便的旅游服务功能，逐步提升低碳体育旅游文化的品牌价值，增强品牌影响力。

（3）作为体育旅游产业的管理人员，要不断加强体育旅游的智能化发

---

① 李雪玮.浅谈低碳体育旅游的发展意义[J].体育科技文献通报,2018,26(08):106-107.

展,逐步提升旅游产业系统的运行效率,引进各种先进的节能减排技术,降低碳消耗,从而形成一个低碳体育旅游产业发展的良性循环。

(4)要建立一个良好的体育旅游产业的奖惩制度,加大低碳体育旅游的宣传,倡导游客低碳体育旅游理念,提高人们的消费意识,促使体育旅游者将低碳体育旅游视为一种义务和自觉的行为规范。[①]

(五)树立低碳体育旅游的科学发展观

发展到现在,体育旅游业已成为旅游业的重要组成部分,有着广阔的发展前景和潜力,而低碳体育旅游作为体育旅游的重要组成部分,也有着非常广阔的发展空间。尽管其在发展的过程中面临着一些压力,如游客低碳意识欠缺、发展资金短缺等,但前途是光明的,我们应充分认识到这一点。

对于当前低碳体育旅游的发展而言,我们首先要借助全国产业结构调整和旅游消费转型升级的东风,制订一些体育旅游产业政策,加快低碳体育旅游的发展速度,充分发挥政策的导向和杠杆作用,为低碳体育旅游业的发展提供充足的动力。

(六)加大前期宣传力度,创新旅游模式

低碳体育旅游属于一种新兴的旅游形式,具有重要的社会价值和意义,但是由于发展的时间较短,缺乏必要的宣传,这样导致旅游者欠缺这方面的意识,对低碳体育旅游的接受程度不高,因此我们要引导人们建立良好的意识形态,加大宣传的力度和范围,吸引更多的体育旅游爱好者和环保主义者参与到低碳体育旅游中来。同时,在宣传过程中积极倡导游客们参与各种各样的旅游活动,如徒步、自行车等。通过参与这些低碳体育旅游活动,能让人们深刻认识和理解低碳体育旅游的价值,促进低碳体育旅游产业的发展。

(七)重视低碳体育旅游领域专业人才的培养

在低碳体育旅游产业发展的过程中,专业人才的培养非常重要,因为人才的发展将对低碳体育旅游经营管理水平与服务质量产生决定性影响。

在低碳体育旅游转型与发展的过程中,一直就缺乏高素质的经营管理人才,这非常不利于体育旅游产业的可持续性发展。为此,全国体育院校及旅游院校可以设置体育旅游专业,实施体育旅游学历教育,并支持旅游企业和体育院校、旅游院校优势互补、合作办学、联合培训等,尽快建立一支有技

---

① 宋耕宇.我国低碳体育旅游发展的研究[J].旅游纵览(下半月),2015(08):53.

术、懂经营、懂环保的低碳体育旅游人才队伍。[①]

第三节　红色体育旅游的高质量发展研究

红色体育旅游是富有中国特色的一种旅游形式,因此在促进红色体育旅游发展的过程中要充分结合我国的国情和特色进行,可以采取以下对策促进我国红色体育旅游的高质量发展。

一、以红色资源保护为先导

促进我国红色体育旅游的发展,首先就要做好必要的红色文化保护工作,然后在此基础上促进红色文化的传承。总体而言,要做好以下几个方面的工作。

(1)做好充分的调查研究工作,命名各项革命遗址,划定遗址保护范围,完善地方基础设施建设。

(2)做好文物保护单位和爱国主义教育基地的申报工作。

(3)结合具体实际积极抢修和保护那些损毁严重或已被拆除的重要遗址。

二、深度挖掘红色文化内涵

(1)收集和整理红色文化的相关资料,深入挖掘红色文化内涵,加强红色文化的宣传与推广,增强红色文化的吸引力。

(2)作为红色体育旅游的经营人员,要积极开发整合各地的红色资源,共同开拓"红色市场",全面提升红色旅游的影响力,打造富有特色的红色体育旅游文化品牌。

(3)加大对外开放力度,加大对红色文化的营销宣传,形成独具特色和吸引力的"红色文化形象",提升红色体育旅游的影响力。

三、加强红色旅游品牌建设

为促进红色体育旅游产业的发展,我们可以策划和建设与红色主题相

---

① 张玉华.经济转型背景下低碳体育旅游发展的策略探骊[J].经济研究导刊,2013(21):261-262.

关的人文环境,全力打造红色旅游新品牌。具体而言,要把握以下几个方面。

(1)积极开发各种各样的红色旅游产品,实施品牌引领战略,走红色体育旅游的品牌化道路,不断提高品牌的影响力。

(2)积极开发与弘扬地方特色红色体育旅游文化,尤其是重点发展那些高品位、具有高附加值的红色文化旅游项目。

(3)加强红色体育旅游文化的扶持力度,积极推动红色文化与旅游业的互动发展,促进红色体育旅游文化的品牌化建设。

四、结合体验元素深度开发红色旅游产品

(1)合理设计景区的解说内容,与游客进行密切的互动,提高趣味性,这样能极大地吸引人们的参与。

(2)通过多媒体技术将静态展示转为动态展示,让游客身临其境。

(3)举办各种展览活动,并聘请史学专家,不断收集红军的史实和传奇故事,充实红色文化资料,为红色体育旅游活动的开展奠定良好的基础。

(4)推出各种形式的实景表演,向游客们实景再现红色文化历史,使人们得到爱国主义教育。

(5)积极策划富有趣味性和体验性的红色体育旅游项目,如通过角色扮演让人们感受当时历史的真实场景。

(6)可以邀请一些著名导演以红色历史事件为背景,拍摄电影电视作品,利用各种传媒手段加强红色体育旅游文化的宣传与推广。

第四节 冰雪体育旅游的高质量发展研究

一、我国冰雪体育旅游的发展现状

(一)我国冰雪体育旅游的场地设施现状

冰雪体育旅游具有鲜明的特色,它是在“冰雪”基础上开展的一项活动。因此,冰雪体育旅游具有重要的“季节性”特点。我国东北、华北等地区冬季漫长,冰雪资源非常丰富,在这些地区发展冰雪体育旅游具有良好

的物质基础。据不完全统计,截至 2018 年年底,我国共有 19 个省级行政区建设有冰雪旅游资源,冰雪旅游场地(包括室内与室外)共 300 多处,其中黑龙江省的滑雪场规模最大,数量最多,冰雪运动成为黑龙江省的一个重要名片。

(二)我国冰雪体育旅游的游客与收入现状

随着 2022 年冬奥会的日益临近,社会上逐渐形成了冰雪运动热潮,人们对冰雪运动的认识越来越深刻。我国冰雪体育旅游拥有广阔的发展空间,每年参加冰雪体育旅游的人数都在增加,这就极大地增加了冰雪体育旅游产业的收入。以黑龙江省为例,2011 年春节期间,全省接待了 201.5 万国内旅游者,10 035 名国外旅行者,同期接待游客数量比海南省还要多,收入达到 11.7 亿元。随着时间的不断发展,这一数字会不断地增长,将会为黑龙江省带来较大的经济利益。

(三)我国冰雪体育旅游的品牌建设现状

随着我国冰雪体育旅游的不断发展,各地区尤其是我国北方地区的黑龙江省、辽宁省等都创设了良好的冰雪体育旅游品牌,如长春净月潭冰雪旅游节、哈尔滨国际冰雪节等,这些品牌深深吸引了热爱冰雪运动的人们前来参与,极大地带动了当地社会经济的发展。

(四)我国冰雪体育旅游的研究现状

与一般的体育运动一样,冰雪体育运动具有重要的健身、休闲、娱乐等多种功能,因此发展冰雪体育旅游产业不仅能够娱乐大众,而且还能增强体质,丰富人们的精神文化生活。

一般来说,除了自然资源外,人文旅游资源、地域民族文化旅游资源、节庆旅游资源以及关于冰雪赛事的旅游资源等都是重要的冰雪体育旅游资源。冰雪体育文化可以说在一定程度上体现了人类一种真实的生存方式,它不仅具有突出的地域特性,还能塑造人们良好的精神品质,能促进人的全面发展。

随着 2022 年冬奥会的日益临近,我国也加强了冰雪体育运动的宣传与推动,在整个社会上形成了良好的文化氛围。随着时间的进一步发展,冰雪体育旅游业必将成为我国新的经济增长点,在我国国民经济发展中发挥越来越重要的作用。

二、冰雪体育旅游的发展策略

为推动我国冰雪体育旅游的快速健康发展，可以采取以下发展对策。

（一）大力普及冬季运动文化

要想更好地发展我国的冰雪体育旅游，就要积极发掘冬季运动的文化内涵，加强冬季体育文化的传播与发展。为实现这一目标，我国不仅要促进相关冬季运动类图书的出版发行，还应促进信息传播平台建设，利用现代科技手段促进冰雪运动文化的传播与推广。同时，还要设计各种独具特色的冰雪运动项目，吸引广大冰雪运动爱好者前来参与。

（二）加大冬季运动场地设施供给

为满足人们参加冰雪运动的需求，在今后的发展过程中我们应积极修建冰雪场地和场馆，同时还要购置一些必要的冰雪设施和器材。另外，为了更加合理地利用自然资源，还可以建设一些临时性的冰雪运动场地，满足人们的冰雪运动需求。随着现代科学技术的快速发展，一些高科技手段应用于社会各个领域，为人们带来了福利，因此我们还应积极利用各种新技术手段建设一些可替代性的体育场馆，如旱冰场等。

（三）充分发挥冬季运动社会组织的作用

为推动我国冰雪体育旅游的发展，除了积极宣传冰雪运动的价值和功能外，还应积极扶持和培育冬季运动社会组织，激发群众参与冬季体育社会组织的活力，建设一个良好的冬季运动会组织团体，满足人们的多元化发展需求。

（四）广泛开展冬季项目赛事活动

发展到现在，冰雪运动在社会上的影响力与日俱增，形成了一个不错的冰雪文化氛围，尤其是在我国北方地区。为满足广大人民群众参加冰雪运动健身的需求，各地政府部门及体育部门、社会组织等应联合起来开展各种群众参与度高、影响力大的品牌活动和赛事，满足人们日益增长的冰雪运动需求。

（五）突出青少年学生重点

为推动冰雪旅游的发展，我们可以在广大青少年中开展各种各样的冰雪普及活动，让他们更加深刻地认识与了解冰雪运动。有条件的学校还可以将冰雪运动纳入学校体育教学课程中，鼓励学生积极参加冰雪运动，这一点我国北方地区的学校普遍做得不错。

（六）加强冰雪运动人才队伍建设

为满足冰雪运动人才需求，还必须要加强冰雪运动人才的培养，可以制订一个专门的冰雪运动人才培养计划，将冬季项目社会体育指导员纳入国家社会体育指导员制度体系，加大指导员的培训力度。鼓励相关高等院校开设相关专业，从而培养出高素质的冰雪运动人才。

第五节　高端体育旅游的高质量发展研究

一、我国高端体育旅游消费者来源

现阶段，经济发达的大中型城市是我国高端体育旅游消费者的主要来源，如北京、上海、广州等。与此同时，我国像高尔夫这样的高端体育旅游产品在开发初期就是为了娱乐外商，使投资环境逐步完善，在这样的思维模式下发展起来的高端体育旅游产品主要针对的是外商、外企员工等。同时，由于不同地区的地貌、气候与景致各有不同，因此在对高端体育旅游产品进行开发时，都着重体现各个省份的特色，使旅游环境氛围变得独特，这对于吸引度假者具有很大的作用。与国外相比，我国的一些高档度假体育产品价格较低，这一优势有利于吸引更多的海外度假者前来消费。

二、我国高端体育旅游发展模式

我国高端体育旅游的开发模式主要是以旅游度假区为依托进行建设的模式。《旅游服务基础术语》中将旅游度假区界定为：具有良好的自然环境和配套的旅游基础设施，集住宿、度假、休闲、游览、娱乐为一体的综合功能区。

根据有关标准,现阶段度假区的体育健身设施共有嬉水设施、游泳设施、高尔夫球设施、篮球设施、射击设施等43种。一些世界著名的度假区因开发高端体育旅游产品(冲浪、滑雪、高尔夫等)而获得了巨大的成功。在我国,许多国家旅游度假区也有高端体育旅游产品,如游艇、高尔夫、狩猎、赛马等。

三、我国高端体育旅游存在的问题

(一)法律法规问题

大量的事实说明,法制的规范和约束对于任何市场而言都是必不可少的。我国系统完备的旅游法因为种种因素的影响而尚未出台,高端体育旅游方面的具体法规更是无从谈起。从我国现阶段的体育旅游市场的发展情况可以看出,因为缺乏相关政策法规而滋生了大量的问题,如我国体育旅游业管理不顺,政府部门、体育部门与旅游部门无法进行有效的沟通,高端体育旅游行业发展不规范等,这些对我国高端体育旅游产业的良好发展具有消极的影响。

(二)缺乏专业人才

目前来看,我国高端体育旅游市场还处于成长阶段,因此我国急需大量的专业人才,这一类型的人才需要具备体育理论功底扎实、运动技能娴熟、国际视野广阔、创意能力高超并且对世界上各国的体育文化与历史都能够深入把握等条件。他们不仅要对国内外高端体育旅游市场、法律法规有所了解,对各国语言、风土人情、风俗习惯、行业规范等进行掌握,还要有一定的与各国领事馆沟通交流、对突发事件进行迅速处理的能力,甚至还要学会策划国外高端体育旅游线路、开发国外高端体育旅游项目等。

据调查发现,现阶段旅游大多数企业中的中层骨干有很大一部分出身基层,他们有良好的基础素质和丰富的实际经验。然而,他们缺乏一定的管理经验,在管理专业方面具有高学历的人才很少,而拥有海外留学经历的人更少。许多旅游企业的一些黄金岗位始终无人从事,因此只能聘请中国港澳地区领队兼职或全职带出境团。尽管这一做法与国家规定不符,但这种做法已经成了旅游业中的普遍现象。大量的事实证明,如果没有一个良好的高端体育旅游专业人才的培育机制,我国高端体育旅游就难以获得健康的发展。因此,大力培养专业人才是继续解决的首要问题。

（三）产品开发问题

经过多年的发展，我国高端体育旅游产品目前主要以运动参与为主，以节事观赏为辅，以体育聚集产品为补充。在运动参与类高端体育旅游产品中，游艇旅游、高尔夫旅游、滑翔伞旅游、滑雪旅游、狩猎探险旅游等项目比较典型。节事观赏类高端体育旅游产品主要有观看 F1 汽车大赛、奥林匹克运动会等。中国体育旅游博览会则是体育聚集产品的主要代表。

总体上来看，我国各个地区分布的高端体育旅游产品数量不均匀，布局不合理。不同地域都会以不同的力度来挖掘各自的高端体育旅游优势资源，一些地方重复开发同一种高端体育旅游资源，却不重视展现其他高端体育旅游资源的魅力，没有将良好的体育旅游资源充分利用起来，因此也就无法生产高端体育旅游"极品"，这样品牌化的高端体育旅游发展模式就难以形成。

另外，我国体育旅游企业在开发高端体育旅游资源的过程中并没有制订一个长远的规划。这不仅使高端体育旅游产品同质化现象严重，也对我国的土地资源造成了严重的浪费。例如，河北省石家庄某休闲度假村公司占地上千亩，违规对高尔夫球场进行建设，造成当地土地资源的严重浪费。类似情况还有很多。在高端体育旅游开发不当的事例中，很多直接牵扯到相关政府部门的责任。政府相关部门对高端体育旅游资源的开发没有进行科学规划，导致高端体育旅游产业呈现无序发展的状态。

可见，现阶段我国高端体育旅游产品零星、分散，还没有大范围地覆盖全国各地，而且产品结构单一且不合理，没有有效地开发高端体育旅游资源则使这种状况进一步加剧。这表明，我国还没有效地整合与充分地利用高端体育旅游资源，这需要在今后进行大力发展。

四、我国高端体育旅游的发展对策

（一）创新高端体育旅游发展新模式

高端体育旅游的发展在一定程度上受到发展模式的影响，一个良好的发展模式能促进高端体育旅游产业健康快速地发展。以往，我国走的是以政府为主导的发展模式，这主要是受历史背景的影响。在政府主导模式下，地方政府起着关键的主导作用，在特定的历史时期内起到了重要的作用，也取得了不错的成效。但是，随着社会的不断发展，这种模式难以跟上时代发展的步伐，成为影响高端体育旅游发展的因素之一。因此，加强高端体育旅游模式的创新就显得至关重要。

在今后我国高端体育旅游的发展过程中,我们要确定政府、社会组织以及旅游企业的不同角色,最大限度地发挥这三方的功能,以形成强大的合力。一般来说,主要是以政府为主导、社会组织为协调、旅游企业为主体的三位一体的高端体育旅游发展的新模式。① 其中,政府部门是主导,对我国高端体育旅游产业的发展方向起着重要的统领作用,另外两个部门负责具体的实施工作。

1. 政府的主导作用

高端体育旅游产业的界限相对模糊,因此采取三位一体的发展模式就显得更为重要。良好的经济环境是高端体育旅游产业发展的重要保障,在发展的过程中,相关部门及人员要注意协调好各种利益者之间的关系。需要注意的是,各方面环境的优化并不是靠一个企业或产业就能实现的,需要各方面的协调配合才能完成。目前,我国旅游市场的发展还相对落后,没有建立一个良好的发展机制,在很多时候都存在着市场失灵现象,如果完全以市场化的模式来发展高端体育旅游产业是很难取得理想的效果的。因此,我们必须要不断完善高端体育旅游产业的市场机制,同时还要坚持以政府为主导,坚定政府部门在高端体育旅游发展中的角色。

(1)政府的倡导与组织者角色

政府在高端体育旅游发展的过程中扮演着非常重要的角色,如倡导者和组织者。作为政府部门,要充分发挥自身的行政力量,尤其是在高端体育旅游产业发展的初始阶段更应如此。政府要对其掌握的经济资源进行合理配置,在物质方面为高端体育旅游产业的发展提供支撑与支持,使高端体育旅游产业规模迅速形成,保证其以后能够稳定快速发展。

(2)政府的规范者角色

在高端体育旅游发展过程中,政府也扮演着非常重要的规范者角色,要通过借助国家强制力,对相关法规和条例进行制定、颁布,实施宏观调控,从制度与政策方面来支持高端体育旅游的发展。

(3)政府的监督者角色

政府是高端体育旅游产业发展的监督者,政府要引导社会各方面将各自的力量充分发挥出来,并做好各方面力量的协调,在此基础上对高端体育旅游的宏观发展规划进行制订,积极宣传与促销高端体育旅游产业的整体形象,从而促进高端体育旅游产业的健康全面发展。在一些经济水平较为

---

① 赵金岭.我国高端体育旅游的理论与实证研究[D].福州:福建师范大学,2013.

落后的地区,其经济发展的突破点就在于制订良好的高端体育旅游发展战略,从而推动我国旅游产业的极大发展。

2.社会组织的协调作用

大量的事实充分表明,政府部门在高端体育旅游产业中扮演着至关重要的角色,但这并不代表政府能处理好所有的事情,政府部门自身也存在着一些弊端,所以单纯依赖政府来发展高端体育旅游是不可能的。鉴于此,我们就要意识到社会组织的重要性。社会组织也就是民间组织,指的是志愿团体、民间协会等除政府和市场部门之外的所有组织或部门。在高端体育旅游业发展中,相关的典型社会组织就是旅游行业协会。发展到现在,我国初步形成了一套相对完整的体系。在组织结构上,旅游行业协会比政府还要简单,而且也没有很强的官僚化的制度,能够比政府更加灵活地处理事情,其运作效率要高于旅游行政组织,能及时高效地处理高端体育旅游方面的问题。另外,旅游行业协会对高端体育旅游发展状况的了解要比政府多一些,能很好地维护高端体育旅游企业的利益。因此,充分发挥社会组织的协调作用对于高端体育旅游的发展具有重要的作用。

3.旅游企业的主体角色

在市场经济发展的背景下,市场的主体是企业。在高端体育旅游市场发展过程中,市场主体是旅游企业,政府在其中起指导与规范作用,而旅游企业作为市场的主体,在市场中的资源配置功能是政府无法替代的。政府和社会组织只能够为高端体育旅游的发展提供良好的环境与条件,而旅游企业自身在高端体育旅游的发展过程中所发挥的主体作用是关系到很多关键领域的,如提高旅游企业的服务质量、开发高端体育旅游产品、提升服务效率等,这些都离不开旅游企业主体作用的发挥。

(二)科学规划高端体育旅游资源开发计划

近些年来,我国人民群众的高端体育旅游消费能力持续高涨,因此高端体育旅游市场得以快速发展。目前,我们需要解决的重要问题是开发出能满足人民群众不同需求的高端体育旅游资源。

就某种程度上而言,高端体育旅游产业的发展取决于高端体育旅游资源,其发展的经济规模也会受到体育旅游资源的制约。大量的事实证明,体育旅游产业竞争力的布局会受到高端体育旅游资源空间分布的影响。基于此,政府有关部门应该以当地高端体育旅游资源的数量、分布、类型、质量、特点等为依据,对区域高端体育旅游的发展方向及重点进行确定,并依据这些因素制订高端体育旅游产业政策,开发各种体育旅游资源。

然而需要注意的是,我国地大物博,不同地区的高端体育旅游资源存在较大的差异,因此要采取有针对性的措施和手段发展。尤其是高端体育旅游资源非优区,受高端体育旅游者多元消费需求和高端体育旅游业发展"脱物化"的影响,一定要采取多种有效策略来打破高端体育旅游产业的单一发展模式——依赖自然旅游资源发展,减少资源因素对高端体育旅游业发展造成的约束,将当地经济、文化以及区位等各方面的优势充分利用起来,对一些高端人文体育旅游产品进行"创造"。只有这样,我们才能走出困境,解决高端体育旅游资源短缺问题,促进高端体育旅游产品种类的不断丰富,促进高端体育旅游产业快速发展,使高端体育旅游活动在新的空间与维度上全面得到提升。

为了尽快实现既定的目标,各地区相关政府部门应该客观分析该区域高端体育旅游产业的优势与劣势,以此为基础因地制宜,制订出合理有效的高端体育旅游政策,从而将具有区域优势的高端体育旅游产品放到城市中销售,提高与强化该区域高端体育旅游发展的竞争力。我国不同地区在具体的发展中有不同的侧重点,要具体问题具体分析,充分发挥各地区的优势。

(1)我国东部沿海地区要将旅游资源、资金转化为高端体育旅游产品的这一过程组织好,提升本区域高端体育旅游产品的竞争力。

(2)对于我国中西部地区而言,要利用好西部开发的良机,努力吸引外部资金,建立一个高效的高端体育旅游产业体系,从数量与质量上全面促进高端体育旅游竞争力的提高。

需要注意的是,我们不仅要充分发挥本地区的资源优势,还要注重与其他地区体育旅游企业的合作。作为体育旅游企业经营人员要充分意识到不同地区之间分工与合作的重要性,要努力打破地方条块分割的现状,促进资源要素互补、优势互补的实现,实行专业化协作,促进高端体育旅游产业的协同发展。

(三)走高端体育旅游品牌道路

我国地大物博,有着丰富的冰雪资源,相对应的,高端体育旅游资源也是比较丰富的。但需要注意的是,以往我国很多旅游企业缺乏一些营销手段,没有做好高端体育旅游产品的宣传与推广,因此其难以获得良好的发展。为了转变这种不利的局面,国家旅游管理部门、旅游管理单位以及旅游企业都要在对外宣传中和旅游营销中加大资金投入力度,加强宣传与促销,以此来提高我国高端体育旅游产品的国际影响力。

要想提升我国高端体育旅游产品的国际竞争力,必须要以高端体育旅游产品的运动特点为依据,并充分考虑我国的国情和企业的文化背景,不断丰富我国高端体育旅游文化内涵,树立高端体育旅游品牌形象。大量的事实充分表明,目前国际市场上市场产品的竞争已经演变为内涵与品牌的竞争,而不是传统上外形与功能的竞争,旅游业也是如此。就实质而言,高端体育旅游产品的消费过程就是旅游企业将高端体育文化的包装与组合通过高端体育活动提供给消费者的过程。在经过产品、价格、资金、技术、人才等各要素的竞争之后,体育旅游产业的发展将会面临体育旅游文化这一更加激烈、深层更深、水平更高的竞争。①

(四)提升体育旅游从业人员的素质

高端体育旅游业的服务水平和管理水平共同决定了高端体育旅游产品的优劣,高端体育旅游者的最终体验可以对产品的优劣进行评判。国家旅游局局长邵琪伟认为,旅游业发展面对的重要挑战之一就是从业人员素质偏低的问题。开发与经营高端体育旅游产品需要专业化与高素质的专业人才。

1.创新教学模式

为了加强高端体育旅游人才的培养,国家教委新设了旅游类专业硕士学历,即旅游管理硕士,招收的主要是实践经验丰富的旅游行业从业人员,旨在对高级应用型旅游管理人才进行培养,使培养出来的人才具有旅游职业精神与社会责任感,能够对旅游管理相关理论知识和技能进行掌握,国际化视野开阔,战略思维能力强,敢于挑战自我等。

2.创新办学模式

要想改变当前我国高端体育旅游人才匮乏和素质不高的问题,还需要创新办学模式。相关院校不但要通过与企业联合来培养我国高端体育旅游应用型人才,还要实施"请进来、走出去"的战略,以市场需求为依据,通过国内外校企联手或院校联手来对高端体育旅游所需的人才进行定向培养。大量的实践充分表明,我国对高端体育旅游专业人才的有效培养需要走一条对国外先进经验进行学习与吸收、促进高端体育旅游人才培养渠道多元化的道路。

---

① 赵金岭.我国高端体育旅游的理论与实证研究[D].福州:福建师范大学,2013.

第八章 体育旅游产业高质量发展研究

体育产业是一个绿色产业和朝阳产业。在体育旅游产业的发展过程中,想要不断发挥体育旅游产业对国民经济发展的促进作用,就必须要在体育旅游产业发展之初做好统筹规划,重视体育旅游产业的集群化发展,通过多途径积极探索不断提高体育旅游产业高质量发展的竞争力,并促进我国区域体育旅游产业的科学发展调整,以促进我国体育旅游产业高质量、有序、高效、持续发展。

第一节 体育产业与体育旅游产业

一、体育产业概述

(一)体育产业的概念

体育产业的概念有广义与侠义之分,具体阐述如下。

广义的体育产业概念是指全社会提供体育产品的企业、组织、部门和活动的集合,包括两大领域,分别为体育服务业和体育相关产业。

狭义的体育产业是以体育劳务形式为消费者提供体育服务产品生产的企业、组织、部门和活动的集合。

总之,广义的体育产业与狭义的体育产业都是生产和经营体育商品的市场主体综合,二者的区别只是具体体育商品不同。

(二)体育产业的分类与内容

体育产业是一个市场主体集合,在这个集合中,包括多个不同类型的市场主体集合,不同市场主体之间具有相似性、相关联性,彼此之间也具有很大的区别。

根据不同体育市场主体的提供者所提供的商品类型,人们将体育产业分为几个大类,体育产业分类及各类内容如图 8-1 所示。

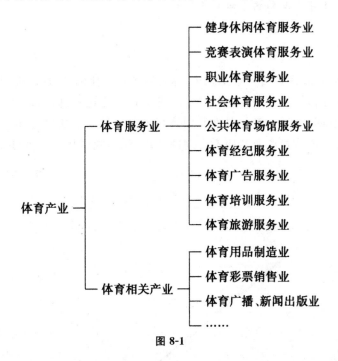

图 8-1

根据体育产业链上下游的关系进行分类,可将体育产业划分成上游产业、中游产业和下游产业,各类体育产业所包括的具体产业内容如图 8-2所示。

早在 1995 年,我国国家体育总局就颁发了《体育产业发展纲要》,其中将体育产业主要划分为体育主体产业、体育相关产业和体办产业等。直到现在,《体育产业发展纲要》中对体育产业的划分方法仍是现阶段国内对于体育产业最为权威的划分方法。

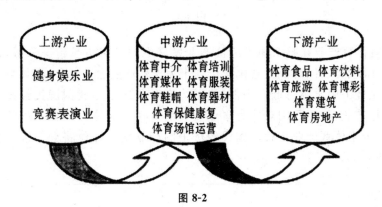

图 8-2

（三）体育产业结构与组织系统构成

1.体育产业结构

目前,在我国体育产业结构中,体育服务业占比偏低,据调查,我国体育用品占比在体育产业中高达约 65%（图 8-3）。客观来讲,与体育产业发展强国相比（图 8-4）,体育用品在我国体育产业结构中的比例过高,服务业比例较少是我国体育产业结构不合理的表现,说明我国体育产业还处于初级发展阶段。

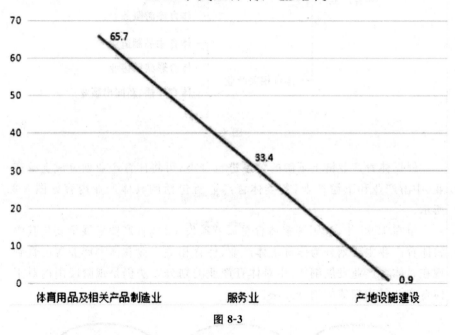

图 8-3

就体育产业在整个国民经济产业发展中的经济贡献情况来看,体育产业在欧、美、日、韩等发达国家位列十大支柱产业之一,而中国体育产业在国民经济中贡献过低。当前,我国体育产业还不是我国国民经济发展的支柱产业,随着我国对体育事业发展的重视和对体育产业发展的不断调整,未来体育产业在我国国民经济中的产业发展地位将会持续不断上升（图 8-5）。

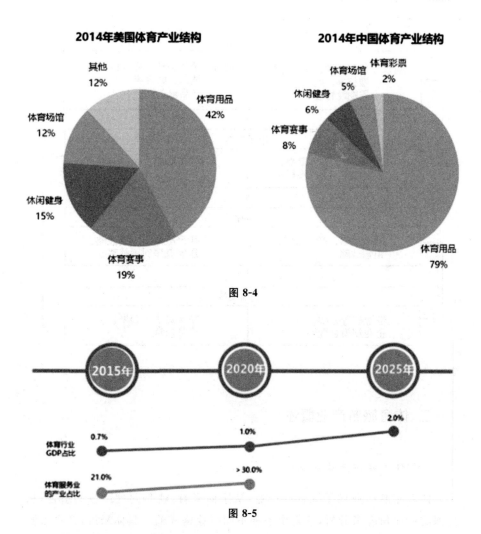

图 8-4

图 8-5

2. 体育产业组织系统

体育产业是一个围绕体育产品与服务建立起来的庞大的经济体系,在体育产业组织系统中,各种系统要素都会影响整个体育产业的发展。

从经济学角度来看,早期的产业组织理论中,市场结构占据重要的地位,具体来说,在体育产业组织中,体育产业发展受到市场环境变化的影响。在市场环境中,结构、行为、绩效又是影响体育产业市场主体与整个体育产业组织构成的重要要素,它们之间是相互影响的。特定的市场环境决定市场结构,市场结构决定企业的市场行为,企业的市场行为又决定了市场的绩效,同时后者又会反作用于前者(图 8-6)。

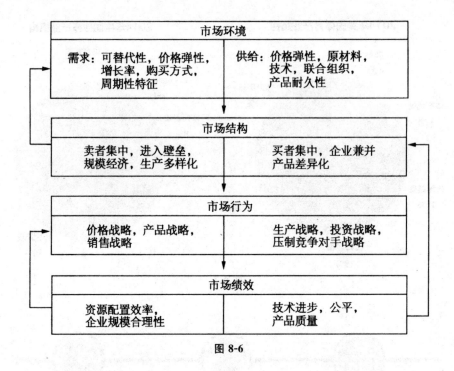

图 8-6

二、体育旅游产业概述

(一)体育旅游产业的概念

体育旅游产业属于综合性产业,从字面来看,就是两种产业的组合,从更深的产业角度来分析,它是由各种不同行业构成的。具体来说,体育旅游是一种具有经济性质的服务行业,属于经济性产业的范畴,它具有经济属性,是旅游业的重要组成部分。①

(二)体育旅游产业的特点

1.综合性

体育产业以营利为目的,从事与体育相关的各种旅游活动。因此,在体育旅游产业中,体育旅游过程中所涉及的一切产品、服务以及为了提供这些

---

① 陶宇平.体育旅游学概论[M].北京:人民体育出版社,2012.

产品和服务所产生的一切市场活动和行为,都应该被包括在体育产业的范围内。

从体育旅游消费者的角度来讲,消费者在整个旅游行程中的食、住、行、游、购、娱等的需求都需要得到解决,需要整个体育旅游路线上的各种生活设施与服务来满足。同时,要求体育旅游目的地应提供良好的体育旅游和生活基本服务,这种服务需求是多方面的,具有综合性。

2.服务性

对于体育旅游行业从业的市场主体来说,各市场主体想要满足体育旅游者的各种生活要求、旅游活动体验要求,就必须提供具体的生活、旅游产品与服务,同时还要关注所提供的产品与服务的质量,服务质量不好,也会影响体育旅游消费者的旅游体验。

对于体育旅游消费者来说,主要是在体育旅游的过程中体验各种体育旅游产品与服务。作为一种体验性产业,良好的体育旅游体验直接决定体育旅游消费者的消费欲望,而体育旅游者的旅游体验也会影响其他潜在体育旅游消费者是否前来购买体育旅游产品与服务。

任何一个体育旅游市场主体要想在体育旅游市场中站稳脚跟,并不断提高自己的市场竞争力,就必须重视为体育旅游消费者提供优质的体育旅游产品与服务。

3.依托性

体育旅游业具有较高依托性,表现如下。

(1)体育旅游业依托体育旅游资源存在

如果没有体育旅游资源,那么体育旅游活动就无法开展。作为体育旅游产业的物质基础,体育旅游资源的质量、数量等都会影响体育旅游产业的发展。

(2)体育旅游业依托国民经济发展存在

从我国体育旅游业的发展历程来看,体育旅游业是在近年才发展起来的一个新兴产业,是在国民经济得到快速发展、人民生活水平不断提高的基础上逐渐兴起和发展起来的。

改革开放以来,社会经济水平得到了极大的提高,人们的消费观念也发生了很大的转变,随着人们对健康的重视以及对健康生活质量的要求,体育旅游产业才应运而生。

相较于人们的一般生活消费,体育旅游属于发展性消费,只有人们的生活达到一定水平之后,才会有更多的资金用于体育旅游消费支出。因此,国民经济水平的提高可促进人民群众的日常生活水平的提高,百姓生活水平提高就意味着百姓在满足了基本的生产生活需求之外会产生更多的精神性的、发展性的需求,体育旅游就是一种发展性需求,只有百姓有了更多的休闲时间和资金基础,才能参与到体育旅游中来,才能促进某一个体育旅游消费群和体育旅游市场的形成。

(3)体育旅游业依托于其他相关产业发展

正如前文所述,体育旅游业是一个综合性产业,它与其他产业之间存在者非常密切的关系,体育旅游业的持续发展并不是孤立的,而是需要其他相关部门和行业的支持,作为经济产业的重要组成部分,体育旅游产业的发展可为其他产业发展提供支持,也同样需要其他产业的支持。

4.风险性

首先,体育旅游业是一个风险较高的行业,因为在体育旅游产品与服务中,体育旅游者所从事的体育旅游活动需要身体切身参与,这一过程中会有各种不确定因素的发生。例如,在体育活动体验中,由于体育旅游者个人或者是技术指导人员的操作失误可能引发运动损伤、运动伤病等。再如,因为天气、气候原因造成的突发性的运动风险与事故等,都决定了体育旅游业是具有高风险的一种行业。

其次,体育旅游业自身的发展还会受到其他一些如政策、自然、经济等因素的影响,在体育旅游业市场中任何一个小的市场因素的变化,如社会治安、经济波动,生态变化、突发疾病等,都有可能引发连锁反应,都有可能引起整个体育旅游产业的变化。

最后,体育旅游产业对其他相关产业的依托性,也可表现出体育旅游产业可能受到各个方面因素的影响,这些相关产业的发展会导致整个产业链的发展波动,使得其在发展过程中存在较大的风险。如果相关的链接产业出现波动,将会直接传递到体育旅游业中来,并导致体育旅游产业中一些问题的出现。

5.关联性

体育旅游业是一个产业群体,在体育旅游者的整个体育旅游过程中,衣、食、住、行都有其他产业的参与。

体育旅游产业与其他产业的相互关联性表现如下。

一方面,体育旅游产业的发展能有效带动其他相关产业的发展,尤其是对体育旅游目的地的整个国民经济的发展具有重大的促进作用,体育旅游产业对体育旅游目的地的第三产业(服务业)的发展促进尤为明显。

另一方面,体育旅游产业的发展会影响其相关产业的发展。一个地区的体育旅游产业发展可以带动该地区的餐饮、住宿、交通业的发展,如果体育旅游业的发展因为各种原因而停滞,则体育旅游区的餐饮、住宿、交通业的发展也会受到制约。

同样的,当体育旅游相关产业发展遇到瓶颈时,也会影响体育旅游者的消费体验。

体育旅游产业与其他相关产业的依托与关联在前面也有所提及,这里不再赘述。

6.涉外性

当今社会,全世界各方面的联系日益密切,经济全球化、信息全球化、环境全球化发展正在形成,并成为一种常态。体育旅游国际市场正在形成,如我国每年都有大量游客去日韩、东南亚旅游;在"一带一路"倡议下,陆上丝绸之路和海上丝绸之路影响下的国家之间的旅游发展日益密切。

三、体育产业与体育旅游产业的关系解析

(一)体育旅游产业是体育产业的重要组成部分

体育旅游业是体育产业的一个重要产业构成,体育旅游业是体育产业的一个重要子业,体育旅游业属于下游衍生产业(图 8-7)。

(二)体育旅游产业是体育与其他产业的融合产业

在市场经济条件下,任何一个产业的发展都要受到市场中其他因素的影响,不同的产业之间也会相互融合,从而产生一个新的产业,体育旅游产业就是体育产业与旅游产业相互融合而产生的一个新的产业,体育旅游业兼具体育业、旅游业的发展特点,同时体育旅游产业作为一个融合产业具有自己的发展特点。

体育旅游产业作为一个融合产业,其融合模式具体如图 8-8 所示。

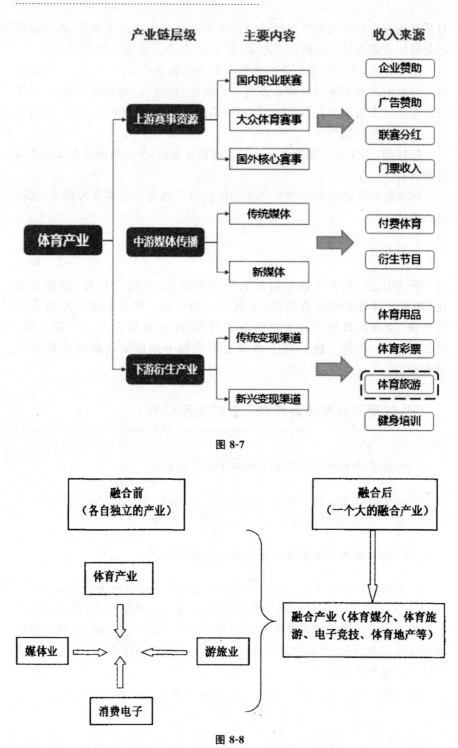

图 8-7

图 8-8

第二节　体育旅游产业高质量
发展的产业集群研究

一、产业集群与体育旅游产业集群

(一)产业集群

所谓产业集群,是指大量联系密切的企业以及相关支撑机构在一定的地域范围内的集聚和集中。

产业集群在产业发展中可以发挥整合优势,进而提高产业集群整体的竞争实力。

(二)体育旅游产业集群

结合产业集群的概念,体育旅游产业集群是体育旅游业与其他相关产业构成的产业综合体(图 8-9)。

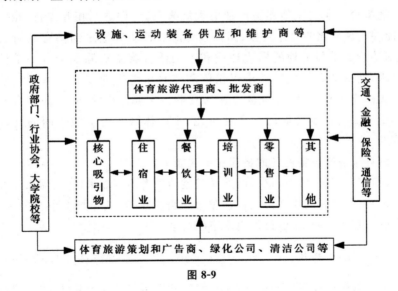

图 8-9

在体育旅游产业集群中,各产业、行业构成分析如下。

体育旅游核心行业——体育旅游核心吸引物、体育旅游餐饮业、住宿业、代理和销售业、旅游用品、纪念品销售业等。

体育旅游服务行业——金融、交通、通信、保险、政府管理部门、行业协会、大学院校等。

体育旅游相关行业——体育设施、装备的供应商和维修商、体育旅游策划和咨询商、旅游广告和咨询媒体、清洁公司等。

二、体育旅游产业集群的特点

（一）空间聚集性

空间聚集性是体育旅游产业集群的一个基本特点，在体育旅游产业的发展过程中，不同的资源、产业之间的集合，首先是彼此自建，具有地缘性。

我国体育旅游产业集群之地都存在着体育旅游相关企业和服务机构的集群现象。在体育旅游发展中，环城游憩带、主题公园、著名旅游景点及旅游度假区等地的集群现象表现得尤为突出。

（二）功能互补性

产业集群与单个的产业相比，具有集体发展的优势，这种产业集合的优势要远远大于各成员的力量之和。

就体育产业与其他相关产业的发展来看，它们之间相互支持、相互制约，能够实现彼此的协作共赢，体育旅游消费者从外地来到体育旅游目的地，对体育旅游目的地的周边环境和不同体育旅游资源都会有一个标准和需求，而这些多样化的需求仅仅依靠体育旅游产业某一种体育旅游资源是无法全面提供的，不同体育旅游资源一定要能彼此补充，使体育旅游者感受到旅游活动开展的综合性价比，不同体育旅游资源之间的互补是必要的。

体育旅游产业集群各成员存在形式如下。

（1）集群中每名成员提供的产品满足消费者不同需求，构成需求互补。

（2）企业之间的相互协调促使整个集群的生产力、市场竞争力的提高，为集群内部各产业、企业提供更多市场机会。

（三）经济外部性

体育旅游产业集群的存在，以它们的共同经济目标为基础，体育旅游产业集群首先是地缘上的优势，其次是具有共同的一致对外的经济决策与行动，通过一个集群的综合竞争力去与体育旅游市场中的其他竞争对手进行竞争。

体育旅游产业集群经济表现形式如下。

（1）体育旅游产业集群的范围经济。

（2）体育旅游产业集群的规模经济。

（3）体育旅游产业集群的外部经济。

（四）部门专业性

体育旅游业是需要专业的旅游知识和体育知识进行经营管理的一个产业，产业内的各个主体和从业人员应具备一定的专业性知识和技能要求，充分表明了体育旅游业的产品与服务的专业性。

体育旅游业产品与服务的专业性进一步决定了在旅游产品的整个生产过程中，每个企业只从事其中一个环节的专业化生产，或只是对旅游产品或服务的其中一部分进行提供。例如，餐饮业、旅行社、交通业、旅店、商店都只是向消费者提供吃、住、行、游、购等某一方面的服务。

从产业集群的角度来看，在体育旅游行业内部，各市场主体和企业部门的专业化程度都会从很大程度上影响体育旅游产业集群的发展。

（五）环境共享性

体育旅游产业的多市场主体的聚集，可以在地缘上构成一定的联系，可以促进不同企业、部门或机构在共同的社会环境、经济环境和文化环境中相互依存，彼此之间可形成一个园区，对外作为一个环境整体存在，从而吸引大量的服务供应商和专业人才，从而使供应商与人才集聚，在产业集聚下，降低使用专业性辅助性服务和信用机制的交易成本，发挥整体价值。

大量的体育旅游产品与服务整合集中在特定区域中，有利于区域产品与服务的影响力的迅速提升，有利于对适合体育旅游产业集群发展的优良环境的营造，有利于形成区域品牌。

三、体育旅游产业集群的模型

（一）钻石模型

迈克尔·波特最早曾在《国家竞争优势》一书中指出，美国的高新技术产业、荷兰的花卉业、英国的保险业、日本的消费电子业等都在国际市场上具有强大竞争力，这些产业之所以会在全球范围内具有竞争优势，就在于它们相互之间构成了一个产业集群，具有聚集优势。

在分析各个国家产业聚集优势和竞争力的基础上，迈克尔·波特提出了产业集群的"钻石模型"。迈克尔·波特认为，一个国家和区域的竞争环境、经济发展水平决定了本国或本地区的生产率、竞争力。生产要素、需求因素、相关与支持产业以及企业战略和组织结构是影响企业竞争优势的四个基本要素,机遇与政府是影响企业发展的辅助性因素(图 8-10)。

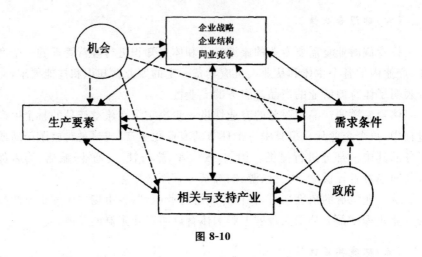

图 8-10

(二)GEM 模型

英国学者 Tim Padmore 和 Hervey Gibson 研究改进了迈克尔·波特的"钻石模型",提出了 GEM 模型,GEM 模型认为影响企业集群竞争力的六大因素可构成不同因素对:因素对Ⅰ、因素对Ⅱ、因素对Ⅲ,彼此在产业集群中的关系如图 8-11 所示。

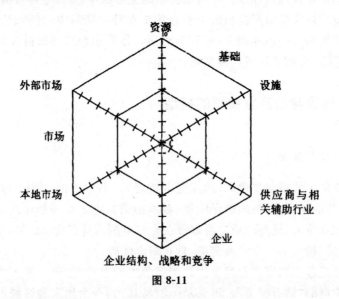

图 8-11

在体育旅游产业集群的 GEM 模型中,不同的因素对所发挥的作用不同。

因素对 Ⅰ ——基础,产业集群外部向集群内部企业的生产过程提供基础要素,包括资源、设施。

因素对 Ⅱ ——企业,供应商多样化、低成本、高质量和专业化是产业集群发展的基本要求。产业集群内部相互关联的企业越多,产业集群的综合竞争力就越强。集群内部企业的数量、规模、所有权、财务状况等都会对产业集群的竞争力产生影响。

因素对 Ⅲ ——市场,市场即需求,具体包括群中企业的需求、中间需求和最终市场需求。产业集群的竞争力会受到本地市场的影响,也会受到省外、国际等外部市场的影响。

四、体育旅游产业集群构建的策略

(一)提升集群要素竞争力

(1)生产要素方面,充分挖掘自然体育旅游资源及人文体育旅游资源的优势,大力推动产品升级,在开发观光型、参与型体育旅游产品的同时,注重开发体验型、度假型产品与服务。

(2)市场方面,充分了解、考察国内外市场需求状况、市场竞争形式与主要竞争对手的实力,把握整个市场结构,了解自身在市场中的优势与发展方向。

(3)产业方面,加强产业之间的协同合作,促进餐饮、住宿、交通运输等相关产业的整合开发,增加联动效益。重点加强产业联动,对整体的产业网络体系进行构建,扩大经营规模。

(4)企业方面,开发高水平的人力资源,在技术管理方面积极加以创新。

(5)资金方面,将民营资本引入产业发展中,拓展融资渠道,推动体育旅游产业集群的发展。

(6)政府方面,政府应着眼于集群化发展这一战略,制定相关的扶持政策,给予合理的引导。

(7)抓住机遇,充分利用世博会、奥运会、亚运会等重大活动,利用现实机遇来发展体育旅游产业,创建良好的产业集群氛围。

(二)政府主导、市场调控

新时期,我国社会经济发生了较大转变,经济发展正处于重要的转型期,在这样的社会经济背景下,体育旅游产业集群的形成与发展既离不开政府的支持,也离不开市场的调控。

现阶段,我国体育旅游业的发展还处于一个初级发展阶段,由于缺乏发展经验,体育旅游产业以"资源型"产业为主,普遍采用"挖掘式"方法开发体育旅游资源,采用"同构式"的手段经营旅游产品,各旅游地的体育旅游产品与服务大多雷同,缺乏创新。

针对上述情况,政府应积极实施宏观政策调控,鼓励与引导地区间、行业间的分工与协作,严格惩治企业的不法竞争行为和投机行为,规范体育旅游市场,重视通过市场实现体育旅游资源开发的"求同存异""突出特色""打造品牌",为体育旅游产业集群的形成与发展提供健康的政策环境与市场环境。

(三)壮大集群内各类企业

在体育旅游产业集群中,集群内部各个企业与部门的发展以及它们之间的相互关系都会影响整个集群的发展,通过优化体育旅游产业集群内部各个企业的发展竞争优势,可促进整个体育旅游产业集群的竞争优势的提升。

(1)不断扩大体育旅游产业集群内部相关企业(住宿、交通、餐饮、商品零售等企业)的规模,促进规模经济的形成。

(2)鼓励其他相关企业进入产业集群,积极引导整个区域旅游业之间的分工与协作,协调各企业之间的关系。

(四)品牌带动、品牌聚集

随着当前区域体育旅游经济一体化的趋势在不断加强,企业应转变单独竞争为联合竞争,相关企业共同创建区域体育旅游品牌,实现共赢。

第三节　体育旅游产业高质量发展
的产业竞争力研究

一、产业竞争力的概念与内涵

(一)产业竞争力的概念

关于产业竞争力,目前国内外许多学者提出了许多观点,彼此之间尚未有统一的概念界定,产业竞争力概念的代表性观点如下所述。

(1)盛世豪在《产业竞争论》中提到,产业竞争力是"某一产业在区域竞争中,在规范的市场条件下,提供有效产品和服务的综合能力"。

(3)张超认为,产业竞争力是一种综合能力比较,包括产业效率、生产能力、创新能力,竞争能力。[①]

(4)陈晓声(2002)认为,产业竞争力是指产业"通过对生产要素和资源的高效配置及转换,稳定持续地生产出比其他同类产业更多财富的能力"。

(5)陈柳钦(2005)认为,产业竞争力是该产业"对本国和本地区资源禀赋结构和市场环境的反映和调整能力"。

(6)王玉珍研究认为,产业竞争力是这样一种能力,它"能够比同类产业更有效的向市场提供产品和服务并获取盈利和自身发展的综合素质"。[②]

(二)产业竞争力的内涵

产业竞争力是一种比较竞争力,具体表现如下。

(1)产业竞争力可以是不同市场中的产业比较,如国际产业的比较、国内产业的比较。

(2)产业竞争力可以是不同同类或不同产业间的比较。

(3)就区域经济发展来讲,产业政策环境、经济环境不同,产业竞争力更多的是统一区域(国家或地区)范围内的产业比较。

(2)就国际经济一体化发展来讲,某个国家或地区的产业发展应放在国际大背景下与其他国家和地区的产业进行比较。

(3)产业竞争力是产业发展到一定阶段的必然结果,体育旅游产业是体育产业与旅游产业发展到一定阶段而形成的一种综合产业,在产业内部,产业与其他产业之间都有比较与竞争。

二、体育旅游产业竞争力要素构成

体育旅游产业竞争力要素主要包括生产要素、市场需求要素、关联产业要素、政府行为要素等,各构成要素对体育旅游产业整体竞争力的影响作用不同(图 8-12)。

---

① 张超.提升产业竞争力的理论与对策初探[J].宏观经济研究,2002(05):51-52.

② 王玉珍.中国体育旅游产业竞争力研究[D].北京:北京体育大学,2013.

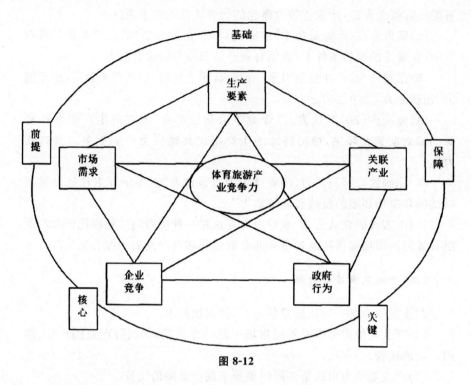

图 8-12

对体育旅游产业竞争力的各影响要素具体分析如下。

(一)生产要素

生产要素是影响产业竞争力的一个重要因素,它对产业竞争力的发展起基础作用。

根据迈克尔·波特的"钻石模型"理论,可将体育旅游产业的生产要素大致分为三类,即体育旅游资源、人力资源和基础设施(图 8-13)。

1.体育旅游资源对体育旅游产业竞争力的影响

(1)体育旅游资源的多少,影响到体育旅游地对体育旅游者吸引力的大小。

(2)特殊的体育旅游资源可有效提高体育旅游地的市场竞争比较优势,即市场竞争中的"人无我有,人有我优"。

(3)体育旅游资源集中度越高,体育旅游地对体育旅游者就越具有吸引力。

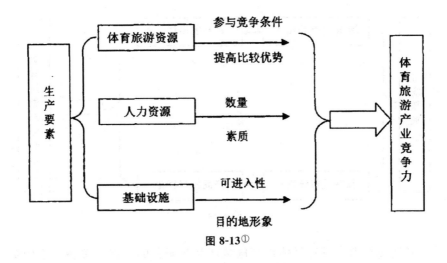

图 8-13①

2.人力资源对体育旅游产业竞争力的影响

(1)体育旅游企业的人力资源数量越多,企业的产品与服务产出水平越高。

(2)体育旅游企业的人力素质水平越高,体育旅游产品与服务的质量越好,企业创造、创新能力越强。

3.基础设施对体育旅游产业竞争力的影响

(1)体育旅游地的基础设施的建设越齐全,越具备良好的消费者数量可接待性,具有良好的可进入性。

(2)体育旅游地的基础设施质量越高,越有助于提高体育旅游消费者对体育旅游目的地的整体印象。

(二)市场需求

体育旅游产业的市场需求对产业的发展影响,简单来说就是市场需求差异化和预期对消费产品、服务的需求影响(图 8-14)。

首先,体育旅游产业作为一种重视消费者体验的产业,体育旅游消费者的消费能力、消费爱好、消费习惯等,对体育旅游产业的发展有重要的影响。

---

① 王玉珍.中国体育旅游产业竞争力研究[D].北京:北京体育大学,2013.

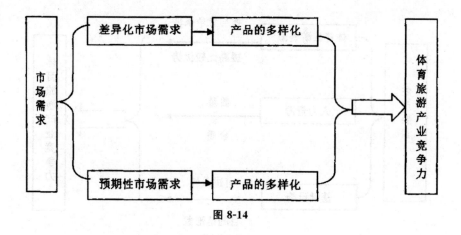

图 8-14

体育旅游消费者对具体体育旅游产品与服务的选择受多种因素的影响。例如,体育旅游消费者的偏好是影响消费者购买的重要因素,当消费者对某种产品的偏好程度增强时,该产品的需求量就会增加;反之,消费需求量会减少。此外,体育旅游消费者的社会地位、经济条件、文化水平、兴趣爱好等各不相同,其体育旅游需求也会呈现出多样性。因此,体育旅游产业的发展应关注不同体育旅游消费人群的消费需求,结合细分消费市场需求开发体育旅游资源,提供有特色、有针对性的体育旅游产品与服务。

其次,要有战略性发展眼光,结合市场预期性需求,开发相应体育旅游资源,提供相应的体育旅游产品与服务,抢占体育旅游市场。例如,我国 2022 年冬奥会的举办日益临近,体育冰雪旅游与其他旅游产业相比具有明显的市场优势,冰雪旅游将会是未来几年内我国体育旅游的重要主题。

(三)关联产业

在市场经济中,任何一个产业的发展都不是孤立的,在其发展过程中必然要与其他产业发生多种多样的联系。

在体育旅游产业的发展中,体育旅游相关产业的发展与突发事件都可能会对体育旅游产业的发展产生直接或间接、长期或短期、或大与或小的影响。

体育旅游产业的关联产业对体育旅游竞争力的最重要影响具体表现在产业技术创新和基础设施建设两个方面(图 8-15)。一方面,就体育旅游市场的发展来说,随着经济的发展,体育旅游消费者对体育旅游产品和服务的质量要求越来越高,要求体育旅游产业必须提供高质量的体育旅游产品与服务,对此体育旅游产业内部各企业必须不断注重创造创新,提供优质产品与服务。另一方面,体育旅游目的地必须不断重视和加强本地区的基础设施建设,提供旅游地可进入性、游客可接待性、优质的旅游辅助性服务,优化体育旅游消费者的体育旅游体验。

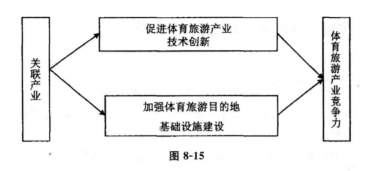

图 8-15

(四)企业竞争

企业竞争是产业竞争的内在影响因素,也是非常关键的一个影响因素。企业竞争优势影响企业竞争力,进而影响产业竞争力。

企业竞争对整个体育旅游产业竞争力的影响具体表现如下。

(1)扩大企业规模,可以促进企业生产分工精细化、专业化,可提高企业的规模化效益,促进企业管理的标准化、科学化,最终促进整个体育旅游产业的高效发展。

(2)提高企业产品竞争力,可提高体育旅游企业在体育旅游市场中的市场占有率。作为服务产业,体育旅游企业要想在体育旅游产业中不断提高自己的市场竞争力,就需要更加注重提供优质产品与服务,进而可推动整个体育旅游产业的行业产品与服务质量的提升,从而提高体育旅游产业的发展竞争力。

(3)提升营销水平,有助于企业的市场竞争力,良好的营销能最大限度地吸引消费者,从而获取更多的市场份额。为此,体育旅游企业必须不断挖掘市场信息,熟悉消费者需求,优化营销策略,企业对市场规律的把握和对市场前景的预测可引领和促进整个行业的市场竞争力的提高。

(五)政府行为

政府在产业发展过程中具有宏观导向和影响作用。政府决策能从根本上影响一个产业的发展。政府行为对体育旅游产业发展的影响具体表现如下。

(1)政府通过财政支持影响体育旅游产业。

(2)政府通过制订体育、旅游、体育领域相关制度、规划,影响体育旅游产业。

(3)政府通过制定产业政策规范来干预体育旅游产业从业企业的各项市场活动,进而影响体育旅游产业的发展。

三、体育旅游产业竞争力提升的策略

(一)提升政府调控力

(1)政府应加强对体育旅游产业的布局规划,宏观指导、统筹规划。

(2)政府应加大对体育旅游产业发展的扶持力度。

(3)政府应加强监督管理,确保体育旅游市场规范化发展。

(二)增强企业竞争力

(1)完善体育旅游产品与服务结构,丰富产品与服务系列。

(2)创新营销和宣传方式,提高市场占有率。

(3)重视先进技术应用,注重产品与服务创新,节约成本、提高质量。

(4)提高员工服务意识和专业性。

(5)优化企业管理,提高企业生产效率。

(三)提高人才专业能力

(1)重视体育旅游产业各类人才的培养、分配、流通。

(2)重视体育旅游产业内各企业、各部门人才的专业化、专门化培养,做到人尽其才。

(3)加强对在职体育旅游人员的在职培训,提高从业者的专业素质和能力。

(四)扩大市场需求力

(1)加大体育旅游宣传力度,提高大众体育旅游意识与消费意识,拓展国内体育旅游市场。

(2)适度开发国际体育旅游市场。一方面,打造具有中国特色的体育旅游产品与服务;另一方面,通过国际交流与合作(如"一带一路")进行联合促销,扩大境外体育旅游市场。

第四节　区域体育旅游产业高质量发展研究

一、区域经济与区域经济一体化

(一)区域经济

区域经济又称"地区经济",指分布于各个行政区域的那部分国民经济,它的形成是劳动地域分工的结果,它是国民经济的缩影,具有综合性和区域性。

(二)区域经济一体化

20 世纪 50 年代初开始,"一体化"广泛应用于国际经济活动研究,荷兰经济学家丁伯根(Tinbergen)研究认为,经济一体化是"将有关阻碍经济最有效运行的人为因素加以消除,通过相互协作与统一,创造最适当的国际经济结构。"

1961 年,美国经济学家巴拉萨(Balassa)研究指出,经济一体化是一种经济发展状态和过程,表现为各国间各种形式差别的消失。

结合不同标准,区域经济一体化有多种表现形式(表 8-1),不同的经济一体化组织表现出不同的特征与形式(表 8-2)。

表 8-1　区域经济一体化形式

划分标准	表现形式
一体化范围	全盘一体化(Overall Integration,OI)
	部门一体化(Sectoral Integration,SI)
一体化程度	优惠贸易安排(Preferential Trade Arrangements,PTA)
	自由贸易区(Free Trade Area,FTA)
	关税同盟(Customs Union,CU)
	关税同盟(Customs Union,CU)
	经济同盟(Economic Union,EU)
	完全经济一体化(Complete Economic Integration,CEI)

续表

划分标准	表现形式
经济发展水平	垂直—体化（Vertical Integration，VI），又称"纵向一体化"，又称为"政治同盟"（Political Union，PU）
	水平一体化（Horizontal Integration，HI），又称"横向一体化"

表 8-2　六种区域经济一体化形式的比较

基本特征	优惠贸易安排	自由贸易区	关税同盟	共同市场	经济同盟	完全经济一体化
全部或部分商品关税优惠	有	有	有	有	有	有
废除商品关税与数量限制	无	有	有	有	有	有
对非成员国设立共同贸易壁垒	无	无	有	有	有	有
不限制生产要素的自由流动	无	无	无	有	有	有
成员国执行统一的经济政策	无	无	无	无	有	有
成员国执行统一的政治政策	无	无	无	无	无	有

二、我国区域体育旅游资源分布

（一）省区分布

我国幅员辽阔，不同地区的经济、文化、社会发展水平差异较大，整体来看，我国 34 个地区（31 个省级行政地区、香港特区、澳门特区和台湾地区）的体育旅游资源发展很不平衡，不同地域之间的体育资源配置差距很大。

以体育旅游自然资源为例，我国体育旅游自然资源多集中在西部地区，这些地区也是我国经济欠发达地区。

以体育事业经费为例，我国大城市，如北京、上海等大城市的人均体育消费要普遍高于我国西部地区的人均体育消费。

以体育场馆建设为例，受各地区经济因素的影响，我国体育场地在各省、自治区、直辖市的数量上表现出较大的差异，经济越发达，体育场馆越丰富，经济欠发达地区的人们体育消费需求小，体育场馆少。

（二）城乡分布

城乡二元制结构是我国的特殊国情之一，在城乡二元制背景下，我国城市和乡村的政治、经济、文化、体育等发展的不平衡,导致了城乡各种经济资源拥有量的不平衡。

体育人力资源方面,调查显示,绝大部分高水平的教练、师资、社会体育指导员多分布在城市,而农村很少。

体育资金、体育设施、体育信息等方面,城镇的相关体育资源占有量都要远远多于我国农村地区。

三、我国典型区域体育旅游产业发展

(一)东北地区体育旅游产业发展

我国东北地区(包括黑龙江、辽宁、吉林三省)在地理位置上地处我国东北部,这使得这些省的冬季寒冷而漫长。冬季降雪量大且雪期长的特征,地理环境多样且包含山川和平原,为开展冰雪体育旅游提供了条件,也为冰雪体育旅游的开展提供了相对理想的自然环境。

此外,我国东北地区分布着多个少数民族,各少数民族都在漫长的发展过程中形成了具有鲜明民族特色的冬季体育活动项目,这些独特的冬季体育活动项目都是开展体育旅游不可多得的资源。

值得一提的是,我国东北地区与日本、朝鲜、韩国、俄罗斯等国临近,在接受跨境体育旅游方面具有地缘优势。

凭借我国将要举办 2022 年冬奥会的契机,我国东北地区的冰雪体育旅游与民族体育旅游文化有机结合,是近两年备受关注的体育旅游资源。在开发冰雪体育旅游资源的过程中,一定要把地方冰雪体育旅游资源设定为基础条件,同时密切联系当地的民风民俗以及百姓生活习惯来开发富有创意的冰雪体育旅游项目。

(二)长三角地区体育旅游产业发展

长三角体育旅游发展区,具体是"上海—江苏—浙江"区域以商业体育赛事服务和健身休闲服务业为分区块主导产业部门。

从经济发展水平来看,长三角地区的区域经济发展水平在全国范围内是较高的。以上海为例,上海市国际知名度高,体育场馆多,经济最发达,大众体育消费能力强,具有开发体育商业赛事的市场优势,江苏、浙江则具有发展体育健身休闲服务的资源和政策优势。

整体来看,长三角体育旅游发展区市场化程度较高,但由于三地的社会经济发展的实际情况存在不同,在资源配置、合作与竞争中会产生一些问题,需要三地积极沟通、科学合作,促进这一区域的共同发展。

(三)珠三角地区体育旅游产业发展

珠三角地区是指"广州—深圳—珠海"经济发展区。在体育旅游产业发展方面,珠三角地区的区域经济发展水平和速度都很高,具有经济发展的可持续发展优势,为体育旅游产业发展奠定了良好的物质基础。与此同时,珠三角地区人们的体育消费偏好不断加强,为健康投资、为体育旅游投资成为一种健康的公共价值取向,加上与我国海南地区比较临近,可以开发滨海体育旅游。

随着近年来越来越多的国际体育赛事落户珠三角地区,由重大赛事带来的体育旅游业成为这一地区的重要的、可开发性的体育旅游资源与体育旅游市场开发契机。

(四)"京津冀"地区体育旅游产业发展

2014年2月26日,习近平总书记提出"京津冀协同发展战略"。2015年4月30日,中央政治局会议审议通过《京津冀协同发展规划纲要》,京津冀协同发展已上升为国家战略。[①]

体育旅游产业发展过程中,"北京—天津—河北"区域以体育竞赛观赏服务业为主导是该区域体育旅游产业发展的特色。北京作为首都,是我国的政治、经济、文化中心,是国内外交流的中心,历史古迹和文化底蕴浓厚,发展体育旅游具有得天独厚的优势;天津武术文化氛围浓厚,八仙山、翠屏湖等著名旅游景点为定向越野、漂流、野营等户外体育旅游项目提供了绝佳环境;河北地貌广阔,环绕京津、东临渤海、南望中原、西倚太行、北枕燕山,具有丰富的体育旅游资源可供深度开发。[②]

"京津冀"地区具有丰富的体育赛事举办经验,同时具有广布分散的体育旅游自然资源可供开发,京津与河北在体育旅游资源上相互补充,可以大大拉动这一区域的体育旅游经济的发展,但是,京津冀地区在体育旅游产业协同发展发展方面也存在诸多的不足。例如,在体育旅游资源配置整合、项目选择、产业链构建方面缺乏总体协调,体育旅游协同发展在合作的实质性推动方面力度不够,京津冀三地政府在培育体育旅游市场的合力不足,京津

---

① 钟华梅,王兆红.京津冀体育产业协同发展策略研究[J].哈尔滨体育学院学报,2019,37(5):44-48.

② 白薇.京津冀体育旅游业产业结构与集聚水平研究[J].当代体育科技,2019,9(27):16+19.

冀各个体育旅游区与其他旅游区协同管理不够,体育旅游管理体制和机制方面也存在一些矛盾。①

(五)"一带一路"倡议下我国体育旅游产业的发展

"一带一路"是国家对发展国民经济而提出的伟大倡议,目前正在如火如荼地实施当中,对于我国体育旅游产业发展来说,应积极抓住这一良好的契机,不断寻求我国"一带一路"的国内沿线地区的体育旅游优质化和差异化服务的推出,并注重与"一带一路"沿线的其他国家之间的体育旅游发展合作,促进体育旅游的国际交流与合作,实现共赢。

以我国新疆地区为例,新疆是我国发展"一带一路"经济带的核心区域,是古"丝路之路"连接内外的关键环节地区,我国新疆地区具有丰富的冰雪运动旅游自然资源,可大力开展对外冰雪运动旅游。

以我国海上丝绸之路的沿海大城市为例,可以充分利用我国的海岸线长的优势,利用海上便利交通,开发和推广滨海休闲旅游。

在"一带一路"伟大倡议下,应不断开发适合我国陆上古丝绸之路和海上古丝绸之路沿线地区的特色体育旅游产品与服务,开发丝绸之路特色体育旅游路线,以促进"一带一路"沿线相关地区的体育旅游产业的区域化可持续发展。

---

① 李燕,骆秉全.京津冀体育旅游全产业链协同发展的路径及措施[J].首都体育学院学报,2019,31(04):306-310.

参考文献

[1]夏君玫.体育旅游概论[M].长沙:中南大学出版社,2019.

[2]蒋杰,张莉.体育旅游资源开发研究[M].天津:天津人民出版社,2018.

[3]李明,李悦宁.体育旅游发展与文化传播研究[M].长春:吉林文史出版社,2018.

[4]王萍,朱志强.体育旅游可持续发展研究[M].北京:北京体育大学出版社,2018.

[5]岳君.体育旅游实践与理论发展研究[M].西安:西安交通大学出版社,2018.

[6]杨锋,李凡云.产业融合视角下的中国体育旅游开发研究[M].北京:中国戏剧出版社,2018.

[7]徐勇.中国体育旅游发展研究[M].武汉:华中科技大学出版社,2016.

[8]余阿荣.体育旅游发展战略研究[M].北京:中国原子能出版社,2017.

[9]牛森.国家战略决策下的体育旅游发展研究[M].北京:新华出版社,2017.

[10]蒋健保.中国滨海休闲体育旅游发展研究[M].上海:上海交通大学出版社,2014.

[11]刘依兵,史曙生.改革开放 40 年我国体育旅游发展回顾与展望[J].山东体育科技,2019,41(04):22-25.

[12]李俊洪.国外体育旅游探析[J].科技视界,2016(25):290.

[13]陈诚.国内外体育旅游发展现状及启示[J].体育世界(学术版),2018(06):48-49.

[14]郭化英,王俊清,夏红艳.中国体育旅游现状、矛盾与治理研究[J].西部皮革,2019,41(18):80+112.

[15]刘冬梅,姜洋,王志博.我国体育旅游可持续发展研究[J].哈尔滨体育学院学报,2019,37(04):70-73.

[16]陶宇平.体育旅游学概论[M].北京:人民体育出版社,2012.

[17]柳伯力.体育旅游概论[M].北京:人民体育出版社,2013.

[18]李锦.体育旅游安全研究[D].长沙:湖南大学,2013.

[19]孙延旭.中国体育旅游安全保障体系构建研究[J].现代商业,2012(34):70-72.

[20]廉恩勇.对体育旅游事故的认识与预防对策研究[J].戏剧之家(上半月),2014(03):275-276.

[21]刘跃华,颜秉玲.关于我国推行体育旅游保险的几点思考[J].洛阳师范学院学报,2014,33(02):85-87.

[22]陈恒兴.体育旅游救援保障体系建立的探析[J].思想战线,2013,39(S1):132-133.

[23]吕明,程蕉.国外体育旅游安全教育的经验与启示[J].辽宁体育科技,2019,41(01):6-10.

[24]黄海燕,张林.体育旅游[M].北京:高等教育出版社,2016.

[25]张保华.现代体育管理学[M].广州:中山大学出版社,2005.

[26]尹昊.体育旅游概论[M].北京:北京体育大学出版社,2014.

[27]谢经良.体育旅游资源开发与管理[M].北京:中国书籍出版社,2014.

[28]吴国清.旅游资源开发与管理[M].上海:上海人民出版社,2010.

[29]魏德样,雷福民,雷雯.中国体育场地发展的动态特征分析——基于全国场地普查数据[J].西安体育学院学报,2018,35(03):291.

[30]徐鹏程.我国近两次体育场地普查的比较分析[J].统计与管理,2016(02):26-27.

[31]李燕,骆秉全.京津冀体育旅游全产业链协同发展的路径及措施[J].首都体育学院学报,2019,31(04):306-310.

[32]钟华梅,王兆红.京津冀体育产业协同发展策略研究[J].哈尔滨体育学院学报,2019,37(05):44-48.

[33]白薇.京津冀体育旅游业产业结构与集聚水平研究[J].当代体育科技,2019,9(27):16+19.

[34]刘晓明.中国体育旅游协作发展模式研究[M].北京:中国建材工业出版社,2012.

[35]张丽梅.冰雪旅游策划[M].哈尔滨:哈尔滨工业大学出版社,2011.

[36]赵金岭.我国高端体育旅游的理论与实证研究[D].福州:福建师范大学,2013.

[37]李爱臣.分析我国低碳体育旅游发展的走向[J].旅游纵览(下半月),2015(11):229.

[38]朱冠铮.低碳经济视角下体育旅游产业发展研究[J].经济研究导刊,2017(35):104-105.

[39]李雪玮.浅谈低碳体育旅游的发展意义[J].体育科技文献通报,2018,26(08):106-107.

[40]宋耕宇.我国低碳体育旅游发展的研究[J].旅游纵览(下半月),2015(08):53.

[41]张玉华.经济转型背景下低碳体育旅游发展的策略探骊[J].经济研究导刊,2013(21):261-262.

[42]龚洪波,王惠,罗敏.红色体育旅游内涵界定[J].湖北体育科技,2015,34(05):383-384.

[43]张婷.我国低碳体育旅游发展的现状[J].经济研究导刊,2017(22):151-152.